BEI GRIN MACHT SICH WISSEN BEZAHLT

- Wir veröffentlichen Ihre Hausarbeit, Bachelor- und Masterarbeit

- Ihr eigenes eBook und Buch - weltweit in allen wichtigen Shops

- Verdienen Sie an jedem Verkauf

Jetzt bei www.GRIN.com hochladen und kostenlos publizieren

Bibliografische Information der Deutschen Nationalbibliothek:

Die Deutsche Bibliothek verzeichnet diese Publikation in der Deutschen National-
bibliografie; detaillierte bibliografische Daten sind im Internet über http://dnb.d-
nb.de/ abrufbar.

Dieses Werk sowie alle darin enthaltenen einzelnen Beiträge und Abbildungen
sind urheberrechtlich geschützt. Jede Verwertung, die nicht ausdrücklich vom
Urheberrechtsschutz zugelassen ist, bedarf der vorherigen Zustimmung des Verla-
ges. Das gilt insbesondere für Vervielfältigungen, Bearbeitungen, Übersetzungen,
Mikroverfilmungen, Auswertungen durch Datenbanken und für die Einspeicherung
und Verarbeitung in elektronische Systeme. Alle Rechte, auch die des auszugsweisen
Nachdrucks, der fotomechanischen Wiedergabe (einschließlich Mikrokopie) sowie
der Auswertung durch Datenbanken oder ähnliche Einrichtungen, vorbehalten.

Impressum:

Copyright © 2015 GRIN Verlag, Open Publishing GmbH
Druck und Bindung: Books on Demand GmbH, Norderstedt Germany
ISBN: 978-3-668-06187-3

Dieses Buch bei GRIN:

http://www.grin.com/de/e-book/308076/femina-natus-est-die-funktion-des-
geschlechtswechsels-in-den-metamorphosen

Anonym

femina natus est? Die Funktion des Geschlechtswechsels in den Metamorphosen des Ovid

GRIN Verlag

GRIN - Your knowledge has value

Der GRIN Verlag publiziert seit 1998 wissenschaftliche Arbeiten von Studenten, Hochschullehrern und anderen Akademikern als eBook und gedrucktes Buch. Die Verlagswebsite www.grin.com ist die ideale Plattform zur Veröffentlichung von Hausarbeiten, Abschlussarbeiten, wissenschaftlichen Aufsätzen, Dissertationen und Fachbüchern.

Besuchen Sie uns im Internet:

http://www.grin.com/

http://www.facebook.com/grincom

http://www.twitter.com/grin_com

Bachelorarbeit

femina natus est?
Funktion des Geschlechtswechsels in den Metamorphosen des Ovid

Freie Universität Berlin
Institut für Griechische und Lateinische Philologie

femina natus est? Funktion des Geschlechtswechsels in den Metamorphosen des Ovid.

Inhaltsverzeichnis

1 Einleitung 2

2 Überblick und Auswahl 3

3 Iphis (9.666-797) 4

   3.1 Einbettung im Werk 4

   3.2 Gliederung des Mythos 4

   3.3 Iphis' Name 6

   3.4 Proömium und Verortung 6

   3.5 Erscheinen der Isis und Zuspitzung durch Verlobung 8

   3.6 Monolog 10

   3.7 Zuspitzung der Verlobung, Anrufen der Isis und Erlösung 13

   3.8 Epilog 14

4 Caeneus (12.171-209; 459-531) 15

   4.1 Gliederung des Mythos 15

      4.1.1 Einbettung im Werk 16

      4.1.2 Der Mythos als Funktion 16

   4.2 Caenis - Einführung, Vergewaltigung und Verwandlung 17

   4.3 Caeneus - Verunglimpfung und Kampf gegen exzessive Männlichkeit 20

   4.4 Epilog 22

5 Tiresias (3.316-338) 23

   5.1 Einbettung im Werk 23

   5.2 Vollständige Übersetzung 23

   5.3 Tiresias Geschichte 24

   5.4 Tiresias Ansicht 26

   5.5 Epilog 27

6 Synopsis: Historischer Hintergrund und Ovids Verarbeitung 28

7 Literaturverzeichnis 31

1 Einleitung

Der Spartensender ZDFneo plant für das anstehende Frühjahr das sogenannte Social-Factual-Projekt „sexchange", in dem Männer und Frauen ihr typisches Rollenverhalten tauschen sollen. Reizvoll ist diese Thematik, da der moderne Geschlechtsbegriff mehr als eine biologisch eindeutig zu verortende Zugehörigkeit beinhaltet: Männlichkeit und Weiblichkeit sollen sich auf sozialer, kultureller und hierarchischer Ebene nicht komplementär gegenüberstehen, sondern sich als „unbeständige Konstruktion [...] in stetiger Erneuerung befinde[n]".[1]

Das gesellschaftliche Verständnis, welche Funktionen, Charakteristika und Tätigkeiten Mann und Frau üblicherweise zukommen, ist nicht nur im Moment ein Trend, sondern wurde schon in der Antike von Autoren behandelt[2]. Auch dabei ging es weniger um rein biologische Fragestellungen, sondern um komplexe Verhaltenskodizes, die einerseits als angeboren betrachtet wurden und andererseits gesellschaftlich normiert waren. Diesem Motiv menschlichen Zusammenlebens hat sich auch Ovid in seinen Metamorphosen gewidmet: Im Rahmen wiederholter Grenzüberschreitungen innerhalb seines Werkes greift er auch den Wechseln von (biologischen) Geschlechtern auf; dabei scheinen gesellschaftliche Normen gezielt aufgehoben zu werden. Bedeutet dies, dass Ovid ein Vorreiter der gender-Forschung war, der seine Zeitgenossen womöglich zum Überdenken sozialer Rollen bewegen konnte? Oder waren Geschlechtsidentitäten gar nicht derart klar definiert, sodass ein Ausbrechen ohne Weiteres möglich war und kein tatsächlicher Tabubruch vorliegt? Wie können derartige Überschreitungen vor einem antiken Leser gerechtfertigt werden?

Nachfolgend sollen diese Fragen anhand der Mythen um Tiresias, Iphis sowie Caeneus diskutiert werden; diese werden zunächst unabhängig voneinander inhaltlich und auch sprachlich analysiert. Da dabei ein historischer Kontext nicht ausgespart werden kann, wird anschließend eine kurze Zusammenfassung gesellschaftlich spezifischer Geschlechterrollen zu Zeiten Ovids vorgenommen und im abschließenden Fazit mit den genannten Mythen in Verbindung gebracht; dabei soll auch der Frage nach weiteren motivischen Gemeinsamkeiten und Unterschieden zwischen diesen nachgegangen werden.

---

[1] Vgl. Schmitt Pantel, P./Späth, T. *Geschlecht und antike Gesellschaften im 21.Jahrjundert*, in: Hartmann, E. (Hrsg.), *Geschlechterdefinitionen und Geschlechtergrenzen in der Antike*, Stuttgart 2007, S. 31.

[2] U.a. von Ovid selbst: Sowohl in der *ars amatoria* wie auch in den *Heroides* spielen derartige Fragen eine Rolle.

femina natus est? Funktion des Geschlechtswechsels in den Metamorphosen des Ovid.

2 Überblick und Auswahl

Änderungen des Geschlechts finden in den fünfzehn Büchern der Metamorphosen insgesamt an fünf Stellen Erwähnung. Tiresias[3] wird von Jupiter und Juno wegen seiner Erfahrungen, die er im Körper von Mann und Frau gesammelt hat, befragt, während Iphis[4] als Mädchen geboren ist, aber als Junge aufwächst und schließlich zu einen solchen verwandelt wird. Schließlich wird Caenis[5] von Neptun in einen unverwundbaren Mann verwandelt und greift als Caeneus[6] später in das Kampfgeschehen von Lapithen gegen Centauren ein.

Diese Figuren werden innerhalb der vorliegenden Arbeit einer näheren Betrachtung unterzogen; auffallend ist, dass bei ihnen der Wechsel von Frau zum Mann stattfindet. Tiresias vollführt den Geschlechtswechsel zwar zwei Mal; während der zur Frau jedoch zufällig und nicht in seinem Sinne ist, folgt die Rückverwandlung zum Mann willentlich. Innerhalb der Untersuchung soll stets die Frage nach Gründen, Legitimation und Funktionen der Geschlechtswechsel im Vordergrund stehen. Neben dem jeweiligen Kontext innerhalb des Werkes sowie psychologischen Moment vor und (sofern vorhanden) nach der Metamorphose werden exemplarisch semantische und syntaktische Analysen vorgenommen, die klären sollen, wie Ovid die Szenen nicht nur inhaltlich, sondern auch sprachlich transportiert und wertet.

Dabei wird der Mythos um Iphis aufgrund seiner Exemplarität den bestimmenden Gegenstand dieser Arbeit bilden, während darauffolgend in geringerem Umfang Caeneus und Tiresias beleuchtet werden; Handlungsverläufe, die nicht ex- oder implizit mit Verwandlung oder Rollenverständnis in Verbindung stehen, werden als irrelevant betrachtet und nicht diskutiert.

Bei der Metamorphose des Hermaphroditus[7] findet eine Fusion von Mann und Frau statt, die als solche auch bestehen bleibt, weshalb diese Verwandlung als keine vollständige bewertet und keine nähere Betrachtung stattfinden wird. Innerhalb dieses Mythos wird wegen seiner Verwandlung in eine Frau außerdem Sithon[8] erwähnt, zu dessen Figur jedoch keinerlei Details bekannt sind[9], weshalb folgend auch zu diesem eine Untersuchung ausgespart wird.

---

[3] Met. 3.316-338.

[4] Met. 9.666-797.

[5] Met. 12.171-209.

[6] Met. 12.459-531.

[7] Met. 4.271-388.

[8] Met. 4.279f.

[9] Vgl. Anderson, W. *Ovid's Metamorphoses. Books 1-5*. Norman 1997, S.443.

femina natus est? Funktion des Geschlechtswechsels in den Metamorphosen des Ovid.

3 Iphis (9.666-797)

Für den Iphis-Mythos findet sich ein Vorbild aus hellenistischer Zeit: Nicander beschreibt den Stoff um Leukippos mit nur wenigen Unterschieden. Mit Kreta ist der Ort gleich gewählt und auch die Problematik und Handlungsverlauf wurden von Ovid nur geringfügig verändert; eine entscheidende Zuspitzung erfährt die Dramaturgie durch das Hinzufügen von Ianthe, mit der Iphis verheiratet werden soll und in die sie sich verliebt. Mit dieser Komponente erfährt der Mythos eine Verschärfung, die für die Protaginsten eigentlich tragische Konsequenzen erwarten lässt.

3.1 Einbettung im Werk

Die Geschichte von Iphis wird in Buch neun der Metamorphosen geschildert und schließt sich der Verwandlung von Byblis[10] an, die ihrerseits vieler Verehrer zum Trotz unsterblich in ihren Bruder verliebt ist. Im direkt folgenden zehnten Buch ersinnt Ovid weitere Mythen, in denen Liebe in variabler Form thematisiert wird. Auffällig hierbei sind der erwähnte direkt vorgestellte Byblis-Mythos und ein äquivalentes Begehren Myrrhas[11], die sich als Strafe für ihren Frevel in ihren Vater verliebt. Insbesondere diese drei Mythen stehen im Kontext von „monströser"[12] Liebe, wobei die beiden zuvor genannten Frauen nach römischem Verständnis zwar ein natürliches Verlangen haben[13], Inzucht allerdings auch zu römischer Zeit als sittliches Verbrechen betrachtet wurde[14]. Da sie ihren Begierden nachgeben, werden sie durch Verwandlung bestraft.

Iphis sieht sich (auch selbst) sogar einem unnatürlichen Begehren ausgesetzt, zieht dabei nicht in Betracht, die bevorstehende Hochzeit abzusagen und begeht damit theoretisch sogar den größeren Frevel. Auch sie wird verwandelt, allerdings kann diese als Erlösung und eben nicht als Bestrafung betrachtet werden, da ihr Dilemma damit überwunden scheint. Die Gründe für diese Annahme sollen im Folgenden erklärt werden.

3.2 Gliederung des Mythos

Der Mythos um Iphis lässt sich wie eine Ringkomposition lesen, in der wiederkehrende Elemente um den zentral gestellten inneren Monolog (9.726-763) der Protagonistin gereiht wer-

---

[10] Vgl. Met. 9.454-665.

[11] Vgl. Met. 10.298-502.

[12] Vgl. Lämmle, R. *Die Natur optimieren. Der Geschlechtswandel der Iphis in Ovids Metamorphosen.* in: Harich-Schwarzbauer, H./Späth, T. (Hrsg.) *IPHIS - Gender Studies in den Altertumswissenschaften. Räume und Geschlechter in der Antike.*, Bd. 3, Trier 2005, S. 195.

[13] Natürlich deshalb, weil sie die sexuelle Vereinigung von Mann und Frau anstreben (vgl. Kamen, D. *Naturalized Desires and the Metamorphosis of Iphis.* in: Helios 39(1)/2012, S. 28ff.). Die nähere Erläuterung dieser Problematik wird im weiteren Verlauf dieser Arbeit vorgenommen.

[14] Vgl. ebd.

femina natus est? Funktion des Geschlechtswechsels in den Metamorphosen des Ovid.

den. Zum besseren Verständnis der Geschichte und der Veranschaulichung dieser Komposition erfolgt zunächst die Einteilung der einzelnen Sinneinheiten mit kurzer inhaltlicher Wiedergabe.

Dem Beginn um Iphis geht der Byblis-Mythos voraus; diesem folgt ein ,Proömium' (9.666-673), das angibt, welches weitere Wunder sich auf Kreta ereignete und als ein noch viel größeres gilt, als das zuvor genannte. Dabei wird von Ovid keine nähere zeitliche Einordnung vorgenommen; zunächst wird mit Ligdus ein unbescholtener, aber armer und deshalb völlig unbekannten Bürger vorgestellt.

Hierauf folgt die Initiierung des Konfliktes (9.673-684): Ligdus gibt seiner schwangeren Gattin im Folgenden zu verstehen, sie solle nach einer möglichst komplikationsfreien Geburt nur einen Sohn am Leben lassen, da sich die Familie das Aufziehen einer Tochter nicht leisten könne. Dies befiehlt er ihr zwar unter Tränen, doch auch durch beständiges Bitten seiner Frau Telethusa lässt er sich nicht umstimmen.

Schließlich steht die Geburt unmittelbar bevor und Telethusa erscheint die Göttin Isis (9.684-710) mitsamt Gefolge, die ihr befiehlt, das Kind am Leben zu lassen, auch wenn es sich um eine Tochter handle und verspricht im Gegenzug ihre Hilfe, sobald Telethusa oder das Kind dieser bedürfen. Im Beisein der Amme wird schließlich ein Mädchen geboren, das sie entgegen der Anweisung ihres Mannes am Leben lässt, allerdings als Jungen großziehen wird.

Dreizehn Jahre vergehen, Iphis wächst -offenbar problemlos- als Junge auf, bis Ligdus erneut in Erscheinung tritt: Die Zuspitzung durch die Verlobung (9.710-725) von Iphis mit Ianthe wird forciert. Mit dieser ist Iphis seit ihrer Kindheit aufgewachsen und die beiden Mädchen verlieben sich ineinander.

Nun wird der ausführliche innere Monolog von Iphis wiedergeben, in dem sie ihr Dilemma schildert, denn immerhin stehe sie kurz davor, als Frau mit einer Frau verheiratet zu werden. Im weiteren Verlauf führt sie diverse Beispiele und Argumente an, warum dies nicht möglich sei und dass sie ein Mensch wider jeder Natur sei.

Hierauf folgt die Zuspitzung der Verlobung (9.764-770): Die Hochzeit von Iphis und Ianthe steht nun unmittelbar bevor; nachdem Telethusa diverse Einfälle hervorgebracht hat, um die Katastrophe hinauszuzögern, steht ihr nun kein Mittel mehr zur Verfügung.

Schließlich tritt Isis erneut in Erscheinung (9.770-781-9): In ihrer letzten Verzweiflung geht Telethusa mit ihrer Tochter am Tag vor der Hochzeit in den Tempel der Göttin und erfleht die vor dreizehn Jahren versprochene Hilfe.

femina natus est? Funktion des Geschlechtswechsels in den Metamorphosen des Ovid.

Die Göttin zeigt sich zwar nicht direkt, doch lässt den Altar kurz erbeben und noch im Tempel beginnt Iphis' Verwandlung und damit die Erlösung (9.782-791) ihrer zuvor so aussichtlosen Situation: Es wird die schrittweise körperliche Metamorphose beschrieben und schließlich ist Iphis ein Mann.

Es folgt ein ‚Plädoyer' und damit die Moral von der Geschicht': Wer fromm ist und Gottvertrauen hat, dem kann auch das größte Wunder wiederfahren, so wie Iphis, der nun endlich Ianthe heiraten kann.

3.3 Iphis' Name

Dem griechischen Ἶφις entlehnt, ist der Name geschlechtsneutral, sodass die antike Literatur diverse Träger männlichen und weiblichen Geschlechts gleichermaßen kennt: Es ist zum Beispiel der Name des Königs von Argos sowie der eines Argonauten und eines Kriegers der Sieben von Theben; in Buch 14 der Metamorphosen tritt eine Figur Iphis als ein Verehrer der Anaxarete in Erscheinung, die ihn aufgrund seines geringeren Standes nicht ehelichen möchte, woraufhin sich dieser erhängt. Die hier diskutierte Figur Iphis stellt als zunächst weiblich, später männlich eine Art Bindeglied dar; weiterhin bekannte Frauen mit dem Namen sind eine Geliebte des Patroklos und nicht zuletzt die Frau des Herakles.[15] Der von Ovid gewählte Name reiht sich also in eine durchaus klangvolle Reihe ein, die allerdings einen männlichen Überhang hat; beides dürfte dem antiken Leser bewusst gewesen sein und kann als eine Vorausdeutung für den Ausgang des Mythos aufgefasst werden.

Die Bedeutung des Namens ist ebenso klangvoll wie programmatisch: Neben der griechischen Wortbedeutung „Kraft, Stärke"[16] spielt Ovid hier auch mit der starken Ähnlichkeit zum lateinischen *vis*.[17] Diese wird im Allgemeinen Männern zugeschrieben[18] und ruft auch Assoziationen zu *vir* hervor[19], was in diesem Kontext ebenfalls eine Vorankündigung der Verwandlung bedeutet, wobei Iphis eine mentale Stärke im Verlauf ihrer Geschichte nur allzu gut gebrauchen kann.

3.4 Proömium und Verortung

Nach der Byblis-Verwandlung wird hier versübergreifend ein weiteres *novi* [...] *monstri* (9.666f.) angekündigt, was zunächst die vorhergehende Geschichte noch einmal stark nega-

---

[15] Vgl. Graf, F. *Iphis*. in: *DNP*. sowie Bömer, F. *P. Ovidius Naso, Metamorphosen. Kommentar*, Bd. 9/10, Heidelberg 2001², S. 489; nachfolgend als "Bömer IX" zitiert .

[16] Vgl. ebd.

[17] Vgl. Wheeler S., *Changing Names: The Miracle of Iphis in Ovid "Metamorphoses" 9*. in: *Phoenix* 51(2)/1997, S. 194.

[18] WHEELER gibt außerdem an, dass *vis* nicht nur körperliche und militärische Gewalt oder Kraft ausdrückt, sondern auch in sexuellen Kontexten relevant ist (vgl. Wheeler S. 194f.).

[19] Vgl. Wheeler, S. 195. sowie Gerlinger, S. *Virtus ohne Ende? Zum Rollenverhalten zwischen Mann und Frau*. in: Heil, A./Korn, M./Sauer, J. (Hrsg.) *Noctes Sinenses. Festschrift für Fritz-Heiner Mutschler zum 65. Geburtstag.*, Heidelberg 2011, S. 303f.

femina natus est? Funktion des Geschlechtswechsels in den Metamorphosen des Ovid.

tiv bewertet. Zunächst scheint -auch aufgrund der Betonung durch das Hyperbaton- selbige Bewertung für den Iphis-Mythos zu gelten, doch dem gegenüber stehen die sensationellen und sehr viel wertungsfreieren *miracula* [...] *propiora* (9.967f.). Durch diesen neutral gehaltenen Ausdruck erlebt die nun folgende Geschichte von Anbeginn einen weit positiveren Anstrich und hebt sich somit von dem frevelhaften Verhalten der Byblis klar ab; des Weiteren kann auch hier schon abgelesen werden, dass Iphis vermutlich ein sehr viel versöhnlicheres Ende erleben wird als ihre Vorgängerin.

Eine nähere zeitliche Einordnung wird von Ovid nicht vorgenommen, was neben der Länge des Mythos den epischen Charakter unterstreicht. Ausgangspunkt des Mythos ist die Forderung von Ligdus[20] an seine schwangere Frau, wobei die Beschreibungen des werdenden Vaters trotz des Gebots nicht dessen Grausamkeit herausstellt, sondern die Betonung auf seinen tadellosen Lebenswandel (*sed vita fidesque inculpata fuit*, 9.672f.) gelegt wird. Ligdus ist demnach ein sehr einfacher Mann, der sich aber bisher nichts zuschulden kommen ließ und somit also sittlich und moralisch einen guten und bodenständigen Lebenswandel nachweisen kann, mit dem sich eine antiker Leser auch durchaus identifizieren kann; außerdem macht Ligdus von seinem Recht Gebrauch, über Leben und Tod seiner Nachkommenschaft zu entscheiden[21]. Zudem wird er durchaus als mitfühlend beschrieben, denn immerhin vergießen nach der Verkündung seines Urteils, ein Mädchen müsse getötet[22] werden, beide Elternteilen gleichermaßen Tränen (9.680f.).

Dem gegenüber stehen jedoch Wortwahl und Beschreibung der Schwangeren, die negativ konnotiert sind, auch bei Ligdus selbst: Der gewünschte und so bezeichnete Junge (*marem* 9.676) steht dem „anderen Geschlecht" gegenüber (*altera sors* ebd.), das darüber hinaus mit einem Komparativ sehr deutlich als „lästig" (*onerosior* ebd.) beschrieben wird. Kurz vor der Geburt wird das Kind vom Erzähler mit *pondus* (9.685 sowie 704) bezeichnet, was einerseits ein wenig schmeichelhaftes Neutrum für das Ungeborene ist und andererseits den Leser schlussfolgern lässt, dass sich Ligdus' ausdrücklicher Wunsch wohl nicht erfüllen wird und Telethusa ihm eine Tochter gebären wird.

Diese Vorahnung lässt auch schon der Nachdruck, mit dem der Vater seinen Wunsch nach einem Sohn zum Ausdruck bringt, zu: Er spricht seine Forderung aus, obwohl das Ge-

---

[20] BÖMER merkt an, dass die Einführung von Ligdus' Namen und Herkunft durchaus klangvoll sei, er allerdings einen völlig „belanglosen Namen" habe, der den Eindruck erwecken könne, er sei unfrei geboren; jedoch mache das folgende *ingenua de plebe* (V.671) deutlich, dass Ligdus zwar unbedeutend, aber ein freier Bürger der Plebs sei (vgl. Bömer IX, S. 474 f.). Damit entspannt Ovid den bevorstehenden Frevel bereits ein wenig, indem ein leicht parodistischer Charakter mitschwingt.

[21] Harris, W. *Child-Exposure in the Roman Empire*. in: *JRS* 84/1994, S. 3.

[22] BÖMER betont, dass *necare* in poetischen Texten nur selten Verwendung findet (in diesen Fällen zumeist heroisch) und nicht abschließend geklärt werden kann, ob es hier in der Bedeutung von töten oder aussetzen eingesetzt wird. Da die Sterblichkeit aber auch bei ausgesetzten Kindern recht hoch war, können die deutschen Übersetzungsmöglichkeiten hier synonym verwendet werden. (vgl. Bömer IX, S. 477 f.).

femina natus est? Funktion des Geschlechtswechsels in den Metamorphosen des Ovid.

schlecht des Kindes so kurz vor der Gurt bereits feststeht; mit seinem Vorstoß *edita forte* (9.677) richtet er sich an die Götter, die dies jedoch als Hybris aufnehmen können; immerhin stellt er sich hier offen gegen ihre gefällte Entscheidung, wenn es denn das ‚falsche Geschlecht' sein sollte. Es kann demzufolge in Betracht gezogen werden, dass Iphis durch göttlichen Einfluss als Mädchen auf die Welt gekommen ist, um Ligdus zu bestrafen.

3.5 Erscheinen der Isis und Zuspitzung durch Verlobung

Von nun an tritt der Vater vermehrt in den Hintergrund. Telethusa bemüht sich noch darum, ihren Mann umzustimmen, der jedoch besteht auf seiner Entscheidung und sie hätte der Order vermutlich, wenn auch widerwillig, Folge geleistet. Als sie jedoch kurz vor der Entbindung steht, erscheint[23] ihr des Nachts unverhofft Isis[24] in ihrer ganzen Pracht und Macht[25] und gibt ihr die Anweisung, sich ihrem Mann zu widersetzen. Die Imperative ihrer Anweisung (*pone, falle, dubita* 9.697) greifen Telethusas Zweifel auf, geben ihr direkte Handlungsanweisungen und werden erst durch die versprochene Gegenleistung, später an ihrer Seite zu sein, aufgelöst, womit sie ihre Forderung deutlicher ausdrückt als zuvor Ligdus. *Falle* (9.696) ist hier besonders prägnant, da es sich hierbei um die direkte Aufforderung zum Betrug handelt und damit zu tun, was eigentlich falsch ist; dieser Befehl macht die später versprochene Hilfe schon fast obligatorisch. Dass das abschließende *monuit* (9.701) nicht nur als Ermahnung, sondern auch als Ansporn betrachtet werden kann, zeigt sich auch in Telethusas anschließender Reaktion (*laeta* 9.702).

laeta toro surgit, purasque ad sidera supplex	702 Fröhlich erhebt sie sich vom Ehebett und flehend [erhebt]
Cressa manus tollens, rata sint sua visa, precatur.	die Kreterin ihre reinen Hände zum Himmel und betet,
Ut dolor increvit, seque ipsum pondus in auras	dass ihre Erscheinungen wahr sind. Als der Schmerz
expulit, et nata est ignaro femina patre,	705 gesteigert wurde, stieß die Last von selbst hinaus in die
iussit ali mater puerum mentita. fidemque	Welt und [als] ein Mädchen geboren wurde ohne Wissen
res habuit, neque erat ficti nisi conscia nutrix.	des Vaters[26], log[27] die Mutter, er sei ein Junge[28] und
vota pater solvit, nomenque inponit avitum:	veranlasste, ihn nähren zu lassen. Man glaubte ihr[29] und
Iphis avus fuerat. gavisa est nomine mater,	Mitwisser des Erlogenen war nur die Amme. Der Vater

---

[23] BÖMER merkt an, dass nicht ganz klar ist, ob es sich hierbei um einen Traum oder eine göttliche Erscheinung handelt; diese Unterscheidung sei für das weitere Verständnis des Mythos aber auch unerheblich (vgl. Bömer IX, S. 480).

[24] Warum Ovid sich ausgerechnet für Isis entschieden hat, ist ungeklärt. LÄMMLE gibt Vermutungen wieder, wonach es sich in Augustus' Sinne um Propaganda gegen das weibische Ägypten handeln könne oder Isis bei Frauen zu ovidischer Zeit schlicht sehr beliebt war (vgl. Lämmle S. 196f.). EMBERGER tendiert zu einem „Akt der Oppositionskritik des Dichters an der Politik des Augustus" (S. Emberger, P. *luvenis quondam, nunc femina. Zur Kainis-Erzählung im Augusteischen Epos.* in: Grazer Beiträge 28/2012, S. 51).

[25] Traumbild oder nicht - ein alleiniges Auftauchen der Göttin im gewöhnlichen Gewand hätte die Mutter wahrscheinlich nicht überzeugt; zu stark wiegt der Befehl des Ehemanns.

[26] Wörtlich: geboren wurde dem unwissenden Vater ein Mädchen

[27] Wörtlich: indem sie log

[28] „*eum puerum esse mentita*" (S. Bömer IX, S. 487).

[29] Wörtlich: sie hatte Glauben (den anderer)

femina natus est? Funktion des Geschlechtswechsels in den Metamorphosen des Ovid.

quod commune foret, nec quemquam falleret illo.	710 erfüllte sein Gelübde[30] und vergab einen großväterlichen
inde incepta pia mendacia fraude latebant. [...]	Namen: Iphis war [dieser Vorfahr]. (709) Vom Namen
	erfreut war die Mutter, weil der [beiden Geschlechtern]
	gemeinsam war und sie durch jenen niemanden täuschte.
	Seitdem blieben die frommen Lügen unerkannt, die als
	List begannen.

Weiterhin uneins, ob es sich um einen Traum oder tatsächliche Anweisung der Göttin handelt, stößt die werdende Mutter noch ein kurzes Gebet gen Himmel: Ihre reinen[31] Hände, deren absolute Unbeflecktheit durch ihre Sperrstellung betont ist (*pura* [...] *manus* 9.702f.), richtet sie nicht nur den Sternen entgegen, syntaktisch umfasst sie diese auch noch. Ihre große Erleichterung und Dankbarkeit für die Erscheinung der Isis zeigt sie demutsvoll und lässt erahnen, was folgt: Als Telethusa im Beisein der Amme ein Mädchen zur Welt bringt, sperrt sie sich schließlich gegen die ausdrückliche Forderung des Mannes und behauptet, einen Jungen geboren zu haben[32]. Von hier an wird Telethusa, die zuvor größtenteils ermahnt wurde und Befehle entgegengenommen hat, eine aktiv handelnde Person. Der Zwiespalt jedoch bleibt bestehen: Sie folgt dem Rat der Göttin und begeht somit keine Hybris, widersetzt sich allerdings den Anweisungen ihres Mannes und verletzt so ihren gesellschaftlichen Vormund.

Zur Erleichterung der Mutter wählt der Vater mit „Iphis"[33] einen geschlechtsneutralen Namen für das Kind, denn so ist dieser wenigstens kein Bestandteil der Täuschung und beugt möglichem Zweifel vor. Der paradoxe Ausdruck *pia fraude* umschließt die *mendacia* (9.711) und betont auf diese Weise, dass es sich zwar um eine Lüge handelt und zeigt weiterhin Telethusas Zerrissenheit. Andererseits räumt der Ausdruck noch einmal mögliche Zweifel an der Richtigkeit dieser Tat aus dem Wege, indem expliziert betont wird, dass mit Isis eine höhere Macht die Anweisung gegeben hat.

Es folgt ein zeitlicher Sprung, während dessen Iphis in dreizehn Jahren zwar in dem Bewusstsein ihres Problems aufwächst, allerdings von diesem weitestgehend unbehelligt zu bleiben scheint. Dieses ist erst wieder offenkundig, als Ligdus seine aktive Rolle aufnimmt

---

[30] S. Bömer IX, S. 488.

[31] *purus* auch Bestandteil von kultischer Reinheit (vgl. Bömer IX, S. 487).

[32] Dies ist möglich, weil das Gebären allein die Sache der Frau und (wenn vorhanden) der Amme war; dieser Umstand ermöglicht die folgende konspirative Verschwörung der Frauen gegen Ligdus (vgl. Kunst, C. *Frauenzimmer in der römischen domus*. in: Harich-Schwarzbauer, H./Späth, T. (Hrsg.) *IPHIS - Gender Studies in den Altertumswissenschaften. Räume und Geschlechter in der Antike.*, Bd. 3, Trier 2005, S. 117).

[33] Der Vater handelt gemäß der römisch religiösen Tradition und benennt seinen Nachkommen nach dem Großvater väterlicherseits (vgl. Bömer IX, S.488).

femina natus est? Funktion des Geschlechtswechsels in den Metamorphosen des Ovid.

(auch syntaktisch durch das direkte Ansprechen von Iphis (*Iphi, tibi* 9.715) hervorgehoben) und seinen vermeintlichen Sohn mit Ianthe[34] verlobt.

Schon bis zu dieser Stelle wird deutlich, dass der Mann zwar nach außen hin aktiv agiert und mit seinen Forderungen das Geschehen zu bestimmen scheint; da dem Leser jedoch bewusst ist, welche Rolle die Frauen im Mythos übernehmen, zeigt sich die des Vaters als eine rein funktional ausgelegte: Er ist der stete Katalysator der Geschichte, der Probleme (unwissentlich) zwar initiiert, aber von deren Lösungen ausgeschlossen ist. Diese müssen von der vermeintlich gehorsamen Frau gefunden werden, die zunächst jedoch ihrer untergeordneten Rolle wahrscheinlich gerecht geworden wäre und das Kind getötet hätte. Erst die Erscheinung der Isis ermutigt Telethusa zum Umdenken, die Lüge ihrem Mann gegenüber kann sie jedoch nicht umgehen. Durch die von Isis zugesicherte Hilfe, sobald Iphis oder ihre Mutter dieser bedürfen, gestärkt, stellt sich Telethusa nicht nur über den Willen ihres Mannes, sondern übernimmt durch ihr eigenständiges Handeln augenblicklich die eigentlich männliche Rolle in der Geschichte[35] und dadurch die Verantwortung für alles Folgende.

3.6 Monolog

Iphis wird also mit Ianthe[36] verlobt, mit der sie neben Alter und Bildungsgrad[37] auch äußerlich Ähnlichkeit aufzuweisen scheint[38] (9.718ff.); die Gemeinsamkeiten zwischen den Mädchen scheinen noch keine Zweifel (von Außenstehenden) zu wecken, sondern eher ein Gradmesser dafür zu sein, wie gut sie zueinander passen. Beide fühlen sich zueinander hingezogen, was auf den ersten Blick eine eher überraschende Wendung darstellt, denn ein zu erwartendes Szenario könnte auch eine Iphis sein, die zwar als Junge aufwächst, sich aber dennoch in einen Jungen verliebt. Diese Entwicklung verdeutlicht aber ihr eigentliches Dilemma: Iphis darf niemanden lieben - Mann wie Frau sind für sie verboten.

---

[34] BÖMER weist darauf hin, dass es nicht gesichert ist, wie alt ein Kind zu ovidischer Zeit sein musste, um als heiratsfähig zu gelten; das Durchschnittsalter lag offenbar bei 14 Jahren (vgl. Bömer IX, S.490f.), sodass Ligdus es auch hier eher mit der römischen Tradition hält.

[35] „[Die] Wahrnehmung der Geschlechtsdifferenzen [ist] weniger durch biologische Vorgaben, sondern durch Machtverhältnisse bzw. aktives und passives Vorgehen organisiert [...]" (S. Gerlinger, S. 304).

[36] Laut BÖMER impliziert das Attribut *flava* nicht nur äußere Schönheit, sondern auch eine adlige Herkunft (vgl. Bömer IX, S. 491). Iphis und Ianthe entstammen also nicht demselben Stand, was der bevorstehenden Hochzeit jedoch keinen Abbruch tut. Dies gibt dem Vater indirekt Recht, eine Tochter aus finanziellen Gründen nicht zu behalten, da Iphis als sein Sohn nun einen gesellschaftlichen Aufstieg erlebt.

[37] BÖMER weist darauf hin, dass dieses Szenario zu der von Ovid postulierten Zeit mehr als unwahrscheinlich ist: Wenn Ianthe als Mädchen schon Schulbildung genieße, sei die Chance äußerst gering, dass sie die Schulbank mit einem Jungen aus armen Verhältnissen teile, auch da diesem derartige Bildungswege gewöhnlich gar nicht erst offenstanden (vgl. Bömer IX, S. 492). Um eine lange gemeinsame Verbindung und eine gewisse Ebenbürtigkeit zwischen beiden Kindern herzustellen, ist diese Anekdote allerdings ganz gut geeignet.

[38] Laut KAMEN stehen die Begriffe *aequus / vulnus* (V. 720f.) hier nicht nur für allgemeine phänotypische Gemeinsamkeiten, sondern betonen implizit auch die gleichen Geschlechtsorgane der Mädchen (vgl. Kamen, S.27). Unabhängig davon assoziiert der Leser mit *vulnus* einen Schmerz, der offensichtlich beide ergreift.

femina natus est? Funktion des Geschlechtswechsels in den Metamorphosen des Ovid.

Während Ianthe nun der zeremoniellen Vereinigung entgegenfiebert, gilt Iphis' Verlangen hauptsächlich der körperlichen.

coniugium pactaeque exspectat tempora taedae,	722 Die Ehe und den Augenblick der vereinbarten Vermählung
quamque virum putat esse, virum fore credit Ianthe;	sehnte Ianthe herbei und glaubte, dass ein Mann ist, die[39]
Iphis amat, qua posse frui desperat, et auget	ihr Mann wird. Iphis liebt, was genießen zu können sie
hoc ipsum flammas, ardetque in virgine virgo,	725 aufgibt, zugleich vermehrt eben dies ihre Glut und [so]
vixque tenens lacrimas 'quis me manet exitus,' inquit	entbrennt ein Mädchen für ein Mädchen. Während sie kaum
'cognita quam nulli, quam prodigiosa novaeque	ihre Tränen zurückhalten kann, sagt sie: „Was für ein Ende
cura tenet Veneris? si di mihi parcere vellent,	wartet auf mich, die von einer [sonst] keinem bekannten,
parcere debuerant; si non, et perdere vellent,	die von einer ungeheuerlichen und neuartigen Liebe erfasst
naturale malum saltem et de more dedissent.	730 ist[40]? Wenn die Götter mich schonen wollten, hätten sie
nec vaccam vaccae, nec equas amor urit equarum:	mich [davon] verschonen müssen[41]. Falls dem nicht so ist
urit oves aries, sequitur sua femina cervum.	und sie mich zugrunde richten wollten, hätten sie mir
sic et aves coeunt, interque animalia cuncta	wenigstens ein Übel gemäß natürlicher Sitte geben sollen.
femina femineo conrepta cupidine nulla est. [...]	(731) Weder entbrennt die Liebe einer Kuh für eine Kuh
	noch die einer Stute für eine Stute. Die Schafe entbrennen
	für Widder, ein Hirsch folgt seinen Weibchen. So paaren
	sich auch Vögel und zwischen allen weiblichen Tieren
	wurde keines von einer Begierde für ein Weibchen ergrif-
	fen.

Der [klar formulierte] Wunsch einer Frau, mit einer anderen zu schlafen, stilisiert Iphis nach römischem Verständnis (gesellschaftlich und sexuell) zum männlichen Part der Beziehung[42] und bedeutet gleichzeitig, dass sie sich aufgrund dieses nur Männern vorbehaltenen Verlangens eigentlich auch anderweitig maskulines Denken und Verhalten[43] angeeignet haben müsste. Die bisherigen Beschreibungen von Iphis sind allerdings eher geschlechtsneutral gehalten, sie kann entweder für männlich oder für weiblich gehalten werden. Die Verse 724ff. geben das erste Mal einen Einblick in das Seelenleben von Iphis und weisen sie darin für den römischen Leser verbal als tendenziell weiblich aus.

Auf die Erkenntnis, dass sie mit Ianthe nicht schlafen kann[44] und wegen der frevelhaften Tatsache an sich, dass zwei Bräute vor dem Altar stehen werden, folgt der direkte Monolog von

---

[39] *quam* bezieht sich eigtl. auf das zuerst stehende *virum*.

[40] Eigtl. aktiv: die eine [...] Liebe hält.

[41] Übersetzung in BÖMERS Sinne, der darauf hinweist, dass andere Autoren eher dazu tendieren, das zuerst stehende *parcere* beziehe sich bereits auf Iphis' Geburt (vgl. Bömer IX, S. 494).

[42] Vgl. Pintabone, D. *Ovid's Iphis and Ianthe. When Girls Won't Be Girls.* in: Sorkin Rabinowitz, N./Auanger, L. (Hrsg.) *Among Women. From the Homosocial to the Homoerotic in the Ancient World.*, Austin 2002, S. 257.

[43] Vgl. ebd., S. 258.

[44] Nach römischer Vorstellung findet Sex nur dann statt, wenn eine aktive (penetrierende) und eine passive Rolle ausgefüllt werden. Dies ist zwischen zwei Frauen, so die Vorstellung, nicht möglich. (vgl. Pintabone, S. 267ff., Kamen, S. 25ff. u.a.).

femina natus est? Funktion des Geschlechtswechsels in den Metamorphosen des Ovid.

Iphis, in dem sie an mehreren Beispielen deutlich macht, dass sie selbst ihre Liebe zu Ianthe als unnatürlich (*prodigiosa* 9.727) empfindet, da die Natur derartiges bisher nicht hervorgebracht habe.

Die von ihr angeführten Beispiele wirken (womöglich entsprechend ihres jungen Alters) eher naiv, sind allerdings allesamt rein sexueller Natur, ohne jeden Bezug auf romantische Gefühle oder Heirat. Auch *novaeque cura* [...] *Veneris* (9.272f.) verweist explizit auf ihr sexuelles, nicht auf ihr romantisches Verlangen zu Ianthe[45]. Obwohl sie sich grammatisch und biologisch als explizit weiblich definiert (*nata* [...] *femina* 9.747f.), wird Iphis' Zuneigung auch von ihr selbst mit Worten wie *flammas* (9.725), *ardet* (9.725), *[armor] urit* (9.731 und 734), *conrepta cupidine* (9.734), *ignes* (9.746) beschrieben, die in elegischer Tradition eher für männliche Leidenschaft verwendet werden.[46] Dieser Eindruck wird wenig später verstärkt, als Iphis versucht, ihre Leidenschaft abzustellen (9.745f.): Hier lässt Ovid sie nicht nur wie irgendein Mann klingen, sondern wie Catull höchst selbst wenn er bemüht ist, über Lesbia hinwegzukommen.[47]

Im Verlauf ihres Monologs vergrößert sich ihre Verzweiflung zusehends, was die klimaxartige Argumentation verdeutlicht, in der sie zunächst von Natur und Sitte spricht, später von einigen Beispielen aus der Tierwelt Gebrauch macht und schließlich in dem expliziten Beispiel mündet, dass Kreta bereits unnatürliche Paarungen (*monstra* 9.736) hervorgebracht habe - Pasiphaë allerdings habe wenigstens noch einen männlichen Stier begehrt. Auch hierbei schient für Iphis die Frage der Paarung im Vordergrund zu stehen, obwohl beide Protagonistinnen eigentlich andere Ansprüche an ihre Beziehung stellen (sollten): Während Pasiphaë allein von der sexuellen Begierde zum Stier besessen und um Lösungen bemüht ist, wie sie diese befriedigen kann, steht eine längerfristige Verbindung gar nicht zur Debatte. Ianthe muss von Iphis faktisch nicht mehr erobert werden; diesen Sachverhalt blendet sie jedoch auch im Folgenden aus, wenn sie Daedalus' Hilfe[48] als Option erwägt, der sie oder Ianthe durch sein Kunsthandwerk zum Manne machen könne (9.743f.).

An dieser Stelle ist es Iphis gleichgültig, wer von beiden die männliche Rolle übernehmen würde, wichtig bleibt das Dogma, dass erfolgreicher Sex nur zwischen Mann und Frau stattfinden könne. Für sie rückt also die Frage nach einer (un)möglichen Hochzeit zwischen zwei Frauen mehr und mehr in den Hintergrund und wird erst spät wieder aufgegriffen; vielmehr beschäftigt Iphis, dass Ianthe durch eine Heirat zwar zu ihr, mangels vernünftigen Ge-

---

[45] Vgl. Pintabone, S. 264.

[46] Vgl. Pintabone, S. 264f.

[47] „*Quin tu animo offirmas atque istinc teque reducis?*" (Cat, 76.11). Vgl. Kamen, S. 27.

[48] Daedalus hatte den hohlen Holzstier für Pasiphaë gezimmert, damit diese sich endlich mit dem Stier ihres Begehrs vereinigen konnte.

femina natus est? Funktion des Geschlechtswechsels in den Metamorphosen des Ovid.

schlechtsverkehrs aber nicht ganz ihr gehören werde (9.760f.)[49]. Schließlich betont sie, dass nicht die Götter, sondern die Natur ihr endgültiges Glück verhindere, da diese sich offenbar über die Macht der Götter stelle (9.758f.).

3.7 Zuspitzung der Verlobung, Anrufen der Isis und Erlösung

Iphis beschwert sich nicht bei höheren Mächten über ihr Schicksal, sondern gesteht diesen viel mehr deren Weisheit zu (vgl. 9.728-30 sowie 758f.); dieses fromme Bekenntnis umschließt ihren Monolog und zeigt nicht nur ihre Verzweiflung ob der Ausweglosigkeit, sondern auch weiterhin ihre Gottesfurcht.

Weil sich die Vermählung nicht weiter hinauszögern lässt, übernimmt Telethusa ein weiteres Mal die Verantwortung, indem sie nicht reagiert, sondern agiert. Kurz vor der endgültigen Eskalation wendet sie sich an Isis, die sie auf sehr diplomatische Weise an deren Versprechen erinnert: Demütig und verzweifelt[50] ruft sie die Göttin eindringlich (*te, dea, te* [...] *tuaque* 9.776) an, die ihr einst die Hilfe zugesagt hat, wobei Telethusa respektvoll Dank für vergangene Taten zollt, der Göttin damit dennoch unterschwellig bekundet, dass sie nur ihretwegen den Ehemann hintergangen hat - obwohl sie sich einer eigentlich verdienten Bestrafung hierfür bewusst ist (9.779).[51] Genau wie Iphis macht Telethusa nicht die Götter für die verzwickte Lage verantwortlich oder zweifelt an deren Entscheidungen, sondern erbittet lediglich Hilfe, wie dieses Problem zu lösen sei. Trotz ihres Verrats dem Ehemann gegenüber zeichnet Ovid sie so als verantwortungsvolle Ehefrau und Mutter aus.

Auf dieses Bitten hin erfolgt sogleich die Reaktion der Göttin, die sich allerdings eher diskret äußert und deren Auswirkung womöglich weder von Telethusa noch Iphis direkt wahrgenommen werden, erst Recht nicht von denen, die ohnehin im Ungewissen der Problematik waren.

visa dea est movisse suas (et moverat) aras,	782	Die Göttin schien ihren Altar in Bewegung zu versetzen
et templi tremuere fores, imitataque lunam		(und er bewegte sich!) und die Tore des Tempels zitter-
cornua fulserunt, crepuitque sonabile sistrum.		ten, die dem Mond nachempfundenen Hörner blitzten
non secura quidem, fausto tamen omine laeta	785	und das tönende Sistrum klapperte. Nicht [ganz] frei von
mater abit templo. sequitur comes Iphis euntem,		Sorgen, doch froh ob des günstigen Vorzeichens verließ
quam solita est, maiore gradu, nec candor in ore		die Mutter den Tempel. Iphis folgt als Begleitung und
permanet, et vires augentur, et acrior ipse est		geht mit größerem Schritt als üblich; die Blässe verbleibt

---

[49] Vgl. Pintabone, S. 267. KAMEN macht außerdem deutlich, dass es für Römer nicht nur im politischen, gesellschaftlichen und ehelichen Kontext eine Person geben musste, die über eine andere Macht ausübt, sondern auch beim Sex; dafür seien eben Mann und Frau (bzw. die äquivalente Rollenverteilung) nötig gewesen (vgl. Kamen, S.25f.).

[50] Vgl. 9.771f. Das Auflösen ihrer Haare bedeutet einerseits die Betonung ihrer immensen Trauer ob des bevorstehenden Unglücks, andererseits ist dies allgemeiner Bestandteils des Götterkults, speziell bei Isis, und Zeichen von demütiger Unterwerfung (vgl. Bömer IX, S.501).

[51] Vgl. Pintabone, S. 262.

vultus, et incomptis brevior mensura capillis,
plusque vigoris adest, habuit quam femina. nam quae 790
femina nuper eras, puer es!

nicht im Gesicht, die Körperkraft wächst an, schärfer ist die Miene selbst und kürzer das Maß beim schlichten Haar. Mehr Schönheit und Kraft[52] ist da, als die Frau hatte, denn du warst jüngst eine Frau, [jetzt] bist du ein Mann!

Der Tempel wird ein wenig erschüttert[53], während Iphis noch vor Ort geschlechtsneutral als *comes* (9.786) der Mutter folgt und mit länger dauerndem Weg männlichere Attribute annimmt: Zunächst werden die äußerlichen Merkmale abgestreift, die Iphis bisher noch als Frau erkennen ließen. Dabei werden die (beschreibenden wie beschriebenen) Schritte größer, was einen festen Gang, aber auch etwas längere Beine (und dementsprechend Körpergröße) vermuten lässt. Der Rest der wiedergegebenen Angleichung findet am Kopf statt: Die vornehme Blässe weicht[54], die Gesichtszüge werden gröber, offenbar äquivalent zur inneren Wandlung[55] und kurzes wirres Haar unterstreicht das männliche Äußere[56]. Darüber hinaus wird betont, dass Iphis nun auch Mut zuteilwird, den der Vater bei einem Mädchen zu Beginn als fehlend monierte (9.677).

Am Schluss wird dem Leser verdeutlicht, welche Lehre aus diesem Mythos zu ziehen sei: Götter sollen Vertrauen und Preisung erhalten (9.791-94), dann lassen sie auch Wunder geschehen, so wie bei Iphis, der sich nun in Gänze mit Ianthe vereinen kann (9.797). Diese Erkenntnis bildet nicht nur den letzten Satz des Mythos', sondern auch des Buches.

3.8 Epilog

Die Metamorphosen sind von Hierarchie und Machtverhältnissen geprägt, die ineinander männlich dominiert sind[57] und diejenigen, die den Höhergestellten herausfordern, werden gewöhnlich bestraft. Ovid vertauscht im Iphis-Mythos die Rollen bzw. lässt geschlechtsspezifische Grenzen verschwimmen. Das macht sich formal an den überwiegenden Rede- und Handlungsanteilen der Frauen bemerkbar; inhaltlich sind mit Telethusa, der Amme und Iphis ausschließlich Frauen die Wissenden über den Betrug. Obwohl sie sich sehr genau bewusst sind, dass ihnen ausschließlich die passive Rolle (gesellschaftlich, ehelich, und sexuell[58]) zukommt, sind sie hier überall aktiv und damit die eigentlich männliche Rolle einnehmend.

---

[52] *„vigor* ist bei Ovid die (meist männliche) heroische Schönheit und Kraft [...]" (S. Bömer IX, S. 506).

[53] BÖMER merkt an, dass Götter Zustimmung oder Ablehnung gern durch Bewegung mitteilen. (Vgl. Bömer IX, S. 504f.). Dieses Wissen wird vermutlich auch Telethusa und Iphis fröhlich stimmen.

[54] *candor* ist Zeichen für weibliche Schönheit (Vgl. Bömer IX, S.505).

[55] *„acer, de vultu,* bezeichnet sonst immer auch einen *habitus animi* [...]" (S. Bömer IX, S.505).

[56] „Kürze der Haare [...] und affektierte „Unordnung" (Anführungszeichen vom Autoren) sind nach den Vorstellungen der Zeit Ovids ein Zeichen kraftvoller jugendlicher Männlichkeit [...]" (S. Bömer IX, S. 506).

[57] Vgl. Pentabone, S. 260f.

[58] Vgl. Pintabone, S. 258.

femina natus est? Funktion des Geschlechtswechsels in den Metamorphosen des Ovid.

Letztendlich verkehrt sich alles zum Guten (und gesellschaftlich Richtigen), denn wirklich falsch handelt keiner der Beteiligten: Ligdus verhält sich gemäß der für ihn vorgesehenen Rolle; das, was auf uns grausam wirkt, ist für römische Verhältnisse nicht unüblich und wird von Ovid als selbstverständlicher und gesellschaftlich legitimierter Konsens entsprechend unkritisch transportiert. Telethusa wendet sich zwar gegen das Machtwort ihres Mannes und übernimmt damit zum Teil sogar die ihm zugedachte gesellschaftliche Bestimmung, allerdings nur weil die ranghöhere Gottheit es ihr befohlen hat. Iphis weiß um ihre Tugendlosigkeit, ist aber dennoch ehrfürchtig, aber vor allem ist sie passiv – und verbleibt damit in der Rolle, die ihr biologisch zusteht.

4 Caeneus (12.171-209; 459-531)

Ein Hinweis auf Caenis findet sich bereits in Buch fünf[59], erst in Buch zwölf wird jedoch ihre Verwandlung erzählt, die Voraussetzung für eine maßgebende Prägung im Kampf zwischen Lipithen und Centauren ist. Dieser hat in der antiken Geschichtsschreibung Tradition,[60] Ovid entscheidet sich, den Geschlechtswechsel des Caeneus mit seiner Begründung zuvor noch explizit wiederzugeben.

4.1 Gliederung des Mythos

Achilles bittet Nestor[61], die von ihm zunächst nur angedeutete Geschichte um den unverwundbaren Caeneus, der zunächst eine Frau war, in Gänze zu erzählen. Der Greis erinnert sich und berichtet, wie die junge, schöne Caenis ihre zahlreichen Bewerber allesamt abwies und eines Tages allein den Strand entlangspaziert. Dort wird sie von Neptun vergewaltigt, der ihr anschließend den Wunsch erfüllt, sie in einen Mann zu verwandeln und die Unverwundbarkeit ihr darüber hinaus hinzugibt.

Es folgt eine Episode, in der Nestor Beginn und Verlauf der Centauromachie schildert, bis Caeneus in den Kampf zwischen Lapithen und Centauren eingreift: Er tötet mehrere seiner Gegner, wird jedoch während des Kampfgeschehens als (ehemalige) Frau denunziert. Erst als die Centauren ganze Wälder und Gebirgszüge auf ihn hinabwerfen, lässt Caeneus sein Leben, bevor seine Verwandlung in einen Vogel bezeugt wird.

---

[59] *et iam non femina Caeneus* (5.305). Laut EMBERGER handelt es sich hierbei um einen Teil von Ovids "literarischen Spiels" mit seinem Leser, der stets zum Vor- und Zurückblättern im Buch animiert werden solle. (vgl. Emberger, S. 51).

[60] Vgl. Emberger, S. 46f.

[61] Ähnlich Szenerie des Mythos in der *Ilias*; generell erfreute sich der Mythos gerade im damaligen Griechenland sehr großer Beliebtheit und wurde vielfach rezipiert. (vgl. Waldner, K. *Geburt und Hochzeit des Kriegers. Geschlechterdifferenz und Initiation in Mythos und Ritual der griechischen Polis.* Berlin 2000, S. 51ff.). Dass sich Ovid sich in einen historischen Kanon einordnet und die Erzählperspektive übernimmt, schafft eine gewisse Authentizität.

15

4.1.1 Einbettung im Werk

Der Caeneus-Mythos ist im zwölften Buch angesiedelt, in dessen Verlauf Ovid Ereignisse zum Krieg vor Troja wiedergibt; in den Versen vor der Verwandlung von Caenis wird die Auseinandersetzung zwischen Achilles und Cygnus beschrieben. Besonders an dieser ist, dass beide Protagonisten körperlich (nahezu) unverwundbar sind und Achilles nach längerer Kampfhandlung als Sieger hervorgeht, indem er seinen Gegner erwürgt. Nach seiner Rückkehr folgen vor allem auf Achilles'[62] Bitten hin Nestors Ausführungen zum Kampfgeschehen zwischen Lapithen und Centauren, in die sich auch die Verwandlungen von Caenis und Caeneus einreihen.

4.1.2 Der Mythos als Funktion

Die der Caenis-Verwandlung vorangestellte Geschichte um Cygnus weist einige Parallelen auf, wie die körperliche Unverwundbarkeit der Protagonisten, wodurch sie einen typischen, aber sehr unmännlichen Tod durch Sauerstoffmangel erleiden. Für PAPAIOANNOU steht fest, dass die auffälligen Gemeinsamkeiten auch die jeweiligen Gegner von Gygnus und Caeneus auf eine Stufe stellen[63], was für Achilles wenig schmeichelhaft sei, da er so mit Centauren gleichgesetzt werde. Diese seien in der antiken Literatur aufgrund ihrer ausufernden Brutalität, exzessiven Sexualität und mangelnden Religiosität verpönt gewesen,[64] sodass die durch Nestor wiedergegebene Geschichte als starke Diffamierung Achilles' gelesen werden könne.[65] Als Gründe hierfür könne man die zu augusteischer Zeit verbreitete Tendenz anführen, sich zwar auf alte Stoffe zu berufen, diese jedoch neu aufzubereiten[66] und dabei römische Tugenden und Helden (namentlich Aeneas[67]) von den griechischen abzuheben, indem diese neu betrachtet werden[68]. Darüber hinaus solle die Erzählinstanz Nestor als generelle Autorität eines Schriftstellers über das epische Gedächtnis fungieren und somit Ovids Rolle aufwerten.[69]

---

[62] Dass ausgerechnet Achilles die Geschichte hören möchte, hat laut EMBERGER noch andere Gründe: U.a. Ovid stelle häufiger eine Verbindung zwischen ihm und Caeneus her, da er u.a. zu seinem eigenen Schutz dereinst von seiner Mutter in Frauenkleider gesteckt wurde (explizit auch 13.162ff.) und in der *Ars amatoria* spiele er ebenfalls auf eine Verbindung der beiden an (*ars* 1.689-69) (vgl. Emberger, S. 52f.).

[63] Vgl. Papaioannou, S. *Poetische Erinnerung und epische Dichtung. Nestors Rede in Ovid, Metamorphosen, Buch 12.* in: *Gymnasium* 109/2002, S. 224.

[64] Vgl. Papaioannou, S. 223.

[65] Andererseits wird auf diese Weise ein gutes (also maßvolles) männliches Verhalten von einem schlechten klar abgegrenzt.

[66] Vgl. Papaioannou, S. 215.

[67] Vgl. ebd., S. 232.

[68] Vgl. ebd., S. 232.

[69] Vgl. ebd., S. 201 sowie S. 233.

femina natus est? Funktion des Geschlechtswechsels in den Metamorphosen des Ovid.

EMBERGER kommt hingegen zu dem Schluss, die Metamorphosen im Allgemeinen und der Caeneus-Mythos im Speziellen[70] seien als Kritik gegen das starre Werte- und Gedankensystem unter Augustus' Herrschaft und dementsprechend gegen dessen Heroisierung durch Vergils Aeneis zu lesen.[71]

4.2 Caenis - Einführung, Vergewaltigung[72] und Verwandlung

at ipse olim patientem vulnera mille
corpore non laeso Perrhaebum Caenea vidi,
Caenea Perrhaebum, qui factis inclitus Othryn
incoluit, quoque id mirum magis esset in illo,
femina natus erat.' monstri novitate moventur 175
quisquis adest, narretque rogant: quos inter Achilles:
'dic age! nam cunctis eadem est audire voluntas,
o facunde senex, aevi prudentia nostri,
quis fuerit Caeneus, cur in contraria versus,
qua tibi militia, cuius certamine pugnae   180
cognitus, a quo sit victus, si victus ab ullo est.'[...]

'Clara decore fuit proles Elateia Caenis,   189
Thessalidum virgo pulcherrima, perque propinquas
perque tuas urbes (tibi enim popularis, Achille),
multorum frustra votis optata procorum.
temptasset Peleus thalamos quoque forsitan illos:
sed iam aut contigerant illi conubia matris
aut fuerant promissa tuae, nec Caenis in ullos 195

Selbst habe ich einst Caeneus, den Perrhaeber, gesehen, wie er 1000 Wunden ertragen hat und sein Körper dabei nicht verletzt wurde, der, durch seine Taten berühmt, am Othrys wohnte; Dies ist bei jenem umso erstaunlicher, als er als Frau geboren wurde." Durch die Neuheit dieses Wunders[73] wurden die Anwesenden[74] erregt und baten, er solle erzählen. Unter ihnen sagte Achilles: „Erzähl' schon, denn wir alle wollen dies hören[75], redegewandter alter Mann, Weisheit unseres Zeitalters! Sag'[76], wer Caineus war, weshalb er ins gegenteilige (Geschlecht) verwandelt wurde, in welchem Krieg, welchem Kampf[77] er dir bekannt und von wem er besiegt wurde, falls er von irgendjemandem besiegt wurde."

„Von berüchtigter Schönheit war Cainis, Tochter des Elatus und das schönste Mädchen in Thessalien. In den benachbarten Städten wie auch in deinen, sie war nämlich deine Ladsmännin[78], Achilles, wurde sie vergeblich durch den Wunsch vieler Freier begehrt. Peleus hätte wohl ebenfalls die Ehe mit jener[79] versucht; Doch entweder war jene Ehe[80] schon mit deiner Mutter[81] geschehen oder diese

---

[70] So habe auch Octavian mit seinem Namenswechsel zu Augustus eine Verwandlung durchlaufen und die Aufforderung *quid sis nata, vide* (V. 12.474) solle gleichermaßen zum kritischen Auseinandersetzen mit dem Herrscher mahnen (vgl. Emberger, S. 58).

[71] Vgl. Emberger, S. 58.

[72] Der Großteil der Autorenschaft legt sich eindeutig auf eine Vergewaltigung fest (vgl. Bömer, F. *P. Ovidius Naso, Metamorphosen. Kommentar*, Bd. 12/13, Heidelberg 1982, S. 63; nachfolgend zitiert unter " Bömer XII"), einige wenige meiner euphemistischer, Caenis habe sich Poseidon hingegeben (z.B. Ugolini, G. *Untersuchungen zur Figur des Sehers Teiresias*. Tübingen 1995, S. 60).

[73] BÖMER merkt an, dass *monstrum* i.S.v. *miraculum* verwendet wird (S. Bömer XII, S. 66).

[74] Wörtlich: wer auch immer anwesend war.

[75] Wörtlich: uns allen ist derselbe Wunsch(:) zu hören.

[76] Ergänze *dic*.

[77] „(Einzelleistung in einem) Kampf" (S. Bömer XII, S. 67).

[78] BÖMER empfindet diese Übersetzung als adäquat (vgl. Bömer XII, S. 70); diese trifft auch im Deutschen das Paradox von Cainis/Caineus ganz gut.

[79] „[D]as Pronomen steht an der Stelle des Genitivs" (S. Bömer XII, S. 70).

[80] Der (so übersetzte) Singular des vorhergehenden Verses wird hier beibehalten.

[81] Vgl. Anmerkung 79.

femina natus est? Funktion des Geschlechtswechsels in den Metamorphosen des Ovid.

denupsit thalamos secretaque litora carpens
aequorei vim passa dei est (ita fama ferebat),
utque novae Veneris Neptunus gaudia cepit,
"sint tua vota licet" dixit "secura repulsae:
elige, quid voveas!" (eadem hoc quoque fama ferebat) 200
"magnum" Caenis ait "facit haec iniuria votum,
tale pati iam posse nihil; da, femina ne sim:
omnia praestiteris." graviore novissima dixit
verba sono poteratque viri vox illa videri,
sicut erat; nam iam voto deus aequoris alti   205
adnuerat dederatque super, nec saucius ullis
vulneribus fieri ferrove occumbere posset.
munere laetus abit studiisque virilibus aevum
exigit Atracides Peneiaque arva pererrat.

versprochen worden und Cainis ehelichte niemanden durch Heirat. Als sie die einsame Küste durchwanderte, erfuhr sie vom Gott des Meeres Gewalt, so erzählt es die Fama. Als er die Freuden der neuen Liebe genossen hatte, sagte Neptun: „Es soll [mir] nicht möglich sein, deinen sicheren Wunsch abzuweisen: Wähle, was du willst!" Auch dies erzählt eben die Fama. Cainis antwortet: „Dieses Unrecht bringt den großen Wunsch hervor, nichts derartiges mehr erleiden zu können. Mach[82], dass ich keine Frau mehr bin. Das alles wirst[83] du mir geben. Die letzten Worte sprach sie mit tieferer Stimme und diese[84] konnte als die Stimme eines Mannes erscheinen, so wie sie es [nun] war. Denn der Gott des Meeres hatte dem Wunsch bereits zugestimmt und gab darüber hinaus, dass er durch keine Wunden verletzt werden und keine Waffe ihn töten konnte. Heiter durch das Geschenk ging er ab, verbrachte als Mann aus Atrax[85] eine Zeit lang mit männlichen Beschäftigungen und durchstreifte die Felder am Pinios.

Während die Einführung von Caeneus sehr glorifizierend seine Stärken wiedergibt und das überraschende Element enthält, dass er nicht immer dieser Mann war, ist das erste Attribut, durch das Caenis charakterisiert wird, *clara decore* (12.189): Sie ist von derartiger Schönheit, dass diese sie nicht nur allgemein bekannt gemacht hat, sondern auch als ihre wichtigste Eigenschaft eingestuft wird, in der sie anderen Frauen ihres Landes überlegen war (*Thessalidum virgo pulcherrima* 12.190); die Betonung ihres Äußeren ist Gegenstand der ersten vier Verse in Nestors Erzählung über Caenis. Eine weitere explizite Charakterisierung wird nicht vorgenommen, mehr Eigenschaften benötigt sie nicht; dennoch (oder deshalb) hatte sie zwar zahlreiche Verehrer, deren Werben jedoch in Gänze vergebens war, was syntaktisch durch die Sperrstellung noch zusätzlich betont wird (12.192).

Die Tatsache, dass sie sich offensichtlich zwar im heiratsfähigen Alter befindet, sich dieser für sie vorgesehenen Rolle in der Gesellsaft jedoch verschließt, kann als Frevel und damit Hinweis auf eine bevorstehende Bestrafung betrachtet werden. Mit der starken Betonung

---

[82] Wörtlich: Gib.

[83] BÖMER merkt an, dass hier zwar Futur II statt des Futur I verwendet wurde, dieses jedoch im Deutschen beibehalten werden kann (vgl. Bömer XII, S. 73).

[84] *illla* i.S.v. *ea* (S. Bömer XII, S.74).

[85] Welche Form und Generation aus oder des Atrax Caineus nun ist, lässt sich lt. BÖMER nicht abschließend klären. Wahrscheinlich sei eine geografische Zugehörigkeit als „der Thessaler" (vgl. Bömer XII, S. 74f.).

femina natus est? Funktion des Geschlechtswechsels in den Metamorphosen des Ovid.

ihres Äußeren erfolgt gleichzeitig ihre geschlechtsspezifische Einordnung und darüber hinaus wird ihre Schönheit als Aufforderung und Legitimierung der bevorstehenden Vergewaltigung verstanden.[86] Zusätzlich wird betont, dass sich selbst Achilles' Vater, wäre ihm seine künftige Frau nicht bereits zur Ehe versprochen gewesen (12.195), um Caenis bemüht hätte, doch wohl ebenfalls chancenlos gewesen wäre: Durch die nochmalige Bekräftigung, dass sie unter allen Umständen[87] unverheiratet geblieben ist (12.195f.), wird ihr Unwille diesbezüglich betont und das Bevorstehende gleichzeitig angekündigt. Schließlich flaniert Caenis am einsamen Strand entlang, womit sie weiterhin nicht ihrer vorgesehenen Rolle gemäß handelt, da sie sich allein außerhalb ihres Elternhauses und damit dem Einfluss ihres Vaters bewegt.

Unmittelbar stellt sich die Konsequenz dieser Zuwiderhandlung ein: Neptun erscheint und vergewaltigt sie (12.197). So pragmatisch wie die Beschreibung dieses Vorganges eintritt, ist es auch wieder vorbei, sodass dies als nüchterne und logische Züchtigung ihres Auftretens erscheinen muss. Für Neptun bedeutet dies eine nette Abwechslung (*novae Veneris* 12.198), die ihm derart Vergnügen bereitet hat, dass er Caenis einen Wunsch gewährt, ganz egal, wofür sie sich entscheide (12.199f.). Caenis' Befinden bleibt unreflektiert, auch unmittelbar nach der Vergewaltigung nimmt sie zunächst die passive bzw. inaktive Rolle ein. Erst nach der Aufforderung Neptuns ergreift sie das Wort und erwidert umstandslos[88], dass sie von nun an keine derartige Gewalt mehr erleiden und deshalb keine Frau mehr sein wolle (12.202). Caenis spricht nicht aktiv den Wunsch aus, ein Mann zu werden, macht dadurch jedoch das Selbstverständnis deutlich, dass nur Frauen Opfer (sexueller) Gewalt sein können; schließlich geht sie kurze Zeit später als ein fröhlicher Mann ab (12.209).[89]

Sprachlich wird die Tat recht klar bewertet: Während Neptun Spaß hatte (*gaudia* 12.198), ist Caenis diejenige, der eindeutig Gewalt widerfährt[90] und nachdem sie das Erlittene Neptun gegenüber als *iniuria* (12.201), das sie niemals wieder ertragen wolle (*pati* 12.202), klassifiziert, duldet der Gott es, dass die Sterbliche ihm gegenüber den Imperativ verwendet (*da* ebd.) und der Gott gibt, wie ihm befohlen.

---

[86] Vgl. Emberger, S. 53 (als Fußnote): "Beauty is dangerous. The victim's beauty [...] is an invitation to and a justification for rape, as in the case of Herse (2.723ff.), Philomela (6.451ff.), Caenis(12.189ff.) or Daphne.".

[87] Mit dem Vorwissen des antiken Lesers könnte diese Bemerkung auch stark ironisch gemeint sein.

[88] Bömer bewertet diese kühle und durchdachte Reaktion weniger als psychologischen Moment, sondern als zweckgebundene Kürze mit epischer Tradition (vgl. Bömer XII, S. 72).

[89] Gärtner betont, dass explizit die Vergewaltigung zum Wunsch nach (männlicher) Autonomie führt, während Neptun diesen Zug durch die Draufgabe der Unverwundbarkeit noch verstärkt (vgl. Gärtner, T. *Die Geschlechtsmetamorphose der ovidischen Caenis und ihr hellenistischer Hintergrund.* in: *Latomus* 66/2007, S. 892).

[90] Antike Sprachen kannten keinen Begriff, der äquivalent zu „Vergewaltigung" übersetzt werden kann; stattdessen existierten mehrere gleichberechtigt Worte und Umschreibungen, die zumeist einen Akt der Gewalt zum Ausdruck bringen. Die tatsächliche Bedeutung ist jedoch immer implizit und nicht explizit, in einigen Kontexten sogar mit dem Hang zum Euphemismus (vgl. Doblhofer, G. *Vergewaltigung in der Antike.* in: Heitsch, E./Koenen, L./Merkelbach, R./Zintzen, C. (Hrsg.) *Beiträge zur Altertumskunde,* Stuttgart und Leipzig 1994, S. 5ff.).

femina natus est? Funktion des Geschlechtswechsels in den Metamorphosen des Ovid.

Noch während sie spricht[91], verändert sich ihre Stimme - damit ist die Beschreibung der Metamorphose abgeschlossen[92]; sehr viel wichtiger erscheint das Geschenk (12.208), das Neptun noch darüber hinaus gewährt: Als Mann ist Caenis nun gegen sämtliche körperlich Gewalt immun. Diese Maßnahme bekräftigt nicht nur ein weiteres Mal, dass Männer generell keine Opferrolle einnehmen, sondern gipfelt auch noch in der absoluten Männlichkeit durch Unverwundbarkeit[93]. Doch auch als Mann (der Namenswechsel ist schriftlich noch nicht vollzogen) streift Caeneus zunächst ebenso ziellos durchs Land wie zuvor als Frau am Strand; weiterhin ist er also rastlos und unerfahren bezüglich gesellschaftlicher Konventionen, denn spezifischen Tätigkeiten widmet er sich auch weiterhin nicht, sondern nur ‚männlichen'.

4.3 Caeneus - Verunglimpfung und Kampf gegen exzessive Männlichkeit

Caeneus wird von Nestor nicht nur als explizit männlich ausgewiesen, sondern -durch den Anschluss an die Vorgeschichte- auch als unverwundbar charakterisiert. Dies ist jedoch nicht das eigentlich Überraschende, denn als (auch rhetorischen) Clou stellt Nestor die Tatsache an das Ende seiner Ankündigung: Caeneus wurde als Mädchen geboren (*femina natus erat* 12.175). Durch diese *Constructio ad sensum* wird die Aussage derart pointiert verfasst, dass nicht nur der Fakt an sich paradox erscheint, sondern schon allein die grammatisch falsche, aber faktisch richtige Zuordnung des Partizips die Neugier seiner Zuhörer weckt. Gleichzeitig fasst dieser halbe Vers die kommende Problematik sehr treffend zusammen: Der in mehrerlei Hinsicht sehr männliche Held kann dennoch sein (ehemaliges) Frausein nie ganz abstreifen. Folgend wird von einem *monstri novitate* (12.175) gesprochen[94], was bei den Zuhörern von Nestors Geschichte nicht negativ wertend, sondern durch den Aspekt des Wunderbaren als neutral und eher Spannung erzeugend aufgenommen werden kann. Caeneus wird also durchgehend als männlich vorgestellt (*qui* 12.173, *illo* 12.174) und beim näheren Nachfragen durch Achilles auch weiterhin in diesem Selbstverständnis wahrgenommen (*victus* 12.181). Trotz der genannten Tatsache, dass er als Mädchen das Licht der Welt erblickt hat, steht Caeneus' Männlichkeit außer Frage und das nicht nur, weil er als Held eingeführt wird.

"et te, Caeni, feram? nam tu mihi femina semper,	470 „Und dich, Cainis, soll ich ertragen? Denn du wirst für
tu mihi Caenis eris. nec te natalis origo	mich immer eine Frau, du wirst für mich immer Caenis
commonuit, mentemque subit, quo praemia facto	sein. Mahnt dich deine gebürtige Abstammung nicht und
quaque viri falsam speciem mercede pararis?	erinnert[95] dein Gedächtnis nicht daran, durch welche Tat

---

[91] Dass *iam* noch vor der ausdrücklichen Zustimmung es Gottes durch *adnuerat* steht, verdeutlicht laut BÖMER, wie ungewöhnlich schnell der Gott der Verwandlung einleitet (vgl. Bömer XII, S. 74).

[92] Laut EMBERGER sei die Verwandlung der Iphis dem Leser noch gut im Gedächtnis und Ovid wolle die Wiederholung vermeiden oder aber das Publikum sei durch zahlreiche andere Mythen mit den Details eines Geschlechtswechsels ohnehin betraut (vgl. Emberger, S. 54).

[93] Vgl. ebd.

[94] BÖMER weist darauf hin, dass *monstri* hier im Sinne von *miraculum* verwendet wird (vgl. Bömer XII, S. 66).

[95] BÖMER plädiert für einen engen Bezug zwischen *commonuit* und *subit* (vgl. Bömer XII, S. 156f.).

> quid sis nata, vide, vel quid sis passa, columque,
> i, cape cum calathis et stamina pollice torque;
> bella relinque viris." iactanti talia Caeneus
> extentum cursu missa latus eruit hasta,
> qua vir equo commissus erat. [...]

du diese Belohnung und diese falsche Gestalt eines 475 Mannes als Lohn dir besorgt hast? Sieh, als was du geboren bist und was du zugelassen[96] hast. Geh und nimm den Spinnrocken[97] mit dem Spinnkörbchen, drehe einen Faden (476) und überlasse Krieg den Männern!" Dem, der so prahlte, riss Caineus mit dem geschleuderten Speer in die im Lauf ausgestreckte Seite heraus, wo der Mann mit dem Pferd verbunden ist.

Erst durch den Centauren[98] Latreus wird Caeneus als (ehemalige) Frau diffamiert: Beim direkten Aufeinandertreffen der beiden benennt er Caeneus unverhohlen mit dessen (buchstäblichen) Mädchennamen (*Caeni* 12.470) und legt Wert auf die Betonung, dass er für ihn unabhängig von seiner Männergestalt immer eine Frau bleibe (*tu mihi femina semper / tu mihi Caenis eris* 12.470f.). Darüber hinaus habe Caeneus seine falsche männliche Erscheinung (12.473) nur als Gegenleistung für die sexuellen Dienste, die Caenis erbracht habe, erkauft (12.473f.), was durch *sis passa* (12.474) noch verstärkt wird, da Laterus damit impliziert, sie hätte durch ihr Verhalten die Vergewaltigung forciert. Schließlich wird mit *quid sis nata* (ebd.) das Gegenstück zu Nestors *femina natus* gesetzt; mit diesen Worten fordert Latreus seinen Widersacher auf, sich Beschäftigungen zu widmen, die seinem angeborenen Geschlecht zustehen: Hausarbeit, denn Krieg sei Sache (richtiger) Männer (12.474-76).

Durch die Rede des Latreus gereizt, tötet Caeneus diesen innerhalb eines Gefechts, was die restlichen Centauren auf den Plan ruft: Deren Rädelsführer wundert sich ob der erlittenen Schmach, obwohl Caeneus kein echter Mann sei (*uno / vix*[...] *viro* 12.499f.). Zwar revidiert er dieses Urteil zunächst (*ille vir est* 12.500) und stellt fest, dass die Centauren in diesem Gefecht so auftreten, wie man es von Caenis erwarten müsste (*nos* [...] */ quod fuit ille sumus* 12.500f.), jedoch bleibt Caeneus für ihn auch weiterhin nur ein halber Mann (*semimari* 12.506). Das kurze Zugeständnis, er überzeuge mit Männlichkeit, dient also auch lediglich dem Herabsetzen eben dieser. Schließlich erleidet Caeneus vor seiner endgültigen Verwandlung in einen Vogel mit dem Tode durch Ersticken eine weiblich geprägte Todesursache[99].

---

[96] *pati* hier als Vorwurf formuliert, daher wäre ‚erleiden' o.ä. nicht angebracht.

[97] Übersetzung für *colus* (vgl. Bömer XII, S. 157).

[98] Centauren seien allgemein verpönt gewesen, was sich auch in 12.210-458 manifestiert: Sie gelten als exzessiv männlich (auch etymologisch) und unangemessen brutal, wobei sie u.a. mehrfach religiöse Gegenstände als Waffe einsetzten (vgl. Papaioannou, S. 223f.). Damit wird einerseits ein unverhältnismäßiges Gegenstück zu Caeneus geschaffen, das zeigt, dass Männlichkeit und Kraft allein kein Garant für Tugendhaftigkeit sind.

[99] BÖMER macht darauf aufmerksam, dass der Tod durch Ersticken für als unverwundbar Geltende zwar ein typischer sei (vgl. Bömer XII, S. 63), jedoch wird diese Todesursache bei Täter und Opfer gleichermaßen als spezifisch weiblich stilisiert (vgl. Papaioannou, S. 224).

femina natus est? Funktion des Geschlechtswechsels in den Metamorphosen des Ovid.

Mit seiner prägnanten Rede bringt Latreus eine Fremdwahrnehmung und gleichzeitig die klassische Rollenverteilung auf den Punkt; da er im direkten Anschluss von Caeneus getötet wird, kehrt sich diese Wahrnehmung sogleich um[100]. Mit der Betonung von Latreus' körperlicher Begebenheit (12.478) wird gleichzeitig dessen Unvollkommenheit als männliches Wesen betont sowie unverhältnismäßige Mannhaftigkeit persifliert und herabgesetzt, während Caeneus (unabhängig vom Status als ehemalige Frau) als wahrhaft tugendreich ausgezeichnet wird.

4.4 Epilog

Caeneus' Geschichte beginnt dort, wo Iphis' aufhört[101]: Nach der Verwandlung zum Mann wird dem Leser vor Augen geführt, was mit dem Protagonisten in Männergestalt geschieht und vor allem, auf welche Weise er sich profiliert. Dass er hierzu in der Lage ist und als wahrhaft männliches Vorbild gelten kann, verdeutlicht, dass geschlechtsspezifisch korrektes Verhalten (von Mann wie Frau) aufrichtige Anerkennung findet. Außerdem zeigt sich, dass das Vertrauen in Götter, auch bei umstrittenen Entscheidungen weise zu handeln, stets belohnt wird: Manifestierte Geschlechtsgrenzen überschreiten zu lassen, steht (nur) Göttern zu, wenn diese der Ansicht sind, dass der Verwandelte eine derart radikale Metamorphose auf angemessene Weise nutzt. Caenis und Caeneus überschreiten bei ihren Auftritten nicht nur die Geschlechtsgrenzen, sondern überwinden zu guter Letzt auch noch den Tod durch die Verwandlung in einen Vogel.

Andererseits lässt Ovid mögliche Kritik an Göttern aber auch gar nicht erst aufkommen: Neptuns Fehlverhalten durch die Vergewaltigung wird zwar von Caenis bewertet, für die sprachliche Gewalt, die die unrechtmäßige Bemächtigung einer Frau mit sich bringt, müssen jedoch die Centauren herhalten. Diese erfüllen auch die Funktion, den Leser für die Ansicht des Autors zu gewinnen, denn selbst wenn Zweifel an der Richtigkeit der göttlichen Entscheidungen bestehen sollten, wird man sich selbstverständlich nicht der Meinung der extrem negativ bewerteten Centauren anschließen.

Die Geschichte um Caenis/Caeneus macht außerdem deutlich, dass beide Geschlechter gleichermaßen verletzbar sind: Frauen durch körperliche, Männer durch militärische Gewalt. Gleichzeitig wird überspitzt dargestellt, welche physischen Merkmale bei beiden jeweils besonders wichtig sind, indem Caenis' unermessliche Schönheit in Caeneus' unermessliche Männlichkeit (durch Unverwundbarkeit) umgewandelt wird, wobei nur Letzterer seine Gabe angemessen zu nutzen weiß.

---

[100] Vgl. Emberger, S. 55.

[101] Einen direkten Zusammenhang zwischen den beiden Mythen schafft Ovid auch sprachlich, indem er beiden die vorwurfsvollen Worte *vide quid nata sis* beifügt.

femina natus est? Funktion des Geschlechtswechsels in den Metamorphosen des Ovid.

5 Tiresias (3.316-338)

Jupiter behauptet, Frauen empfänden das größere sexuelle Vergnügen, Juno verneint dies, weshalb Tiresias herbeigerufen wird, um diesen Streit zu entscheiden. Qualifizierendes Merkmal für seine Rolle als richtende Instanz ist die Tatsache, dass er einen Teil seines Lebens als Frau verbracht hat. Schließlich bestätigt Tiresias Jupiters Aussage, weshalb die zornige Juno ihm das Augenlicht nimmt, Jupiter gibt ihm daraufhin die Fähigkeit des Hellsehens. Auch hier bedient sich Ovid eines bereits häufig rezipierten Stoffs, wobei er sich in diese Erzähltradition weitestgehend einreiht, indem er nur wenige neue Impulse setzt.

5.1 Einbettung im Werk

Das dritte Buch, in dem sich auch die Tiresias-Episode findet, kann im weiteren Sinne unter dem gemeinsamen Motiv des Sehens gelesen werden: Während Tiresias nach Verkünden seiner Meinung sein Augenlicht verliert, verlässt er die Szenerie zumindest als Hellseher. Semele darf Jupiter eigentlich gar nicht in seiner wahren Gestalt erblicken; als sie es tut, muss sie sterben. Narziss ist blind für seine Umwelt, weil er nur Augen für sich selbst hat und Pentheus mag den Kult um Bacchus nicht (an)erkennen und beobachtet deswegen eine Festivität, die er nicht sehen darf; beiden wird im Verlaufe des Buches ihr baldiges Schicksal durch Tiresias prophezeit.

5.2 Vollständige Übersetzung

Dumque ea per terras fatali lege geruntur
tutaque bis geniti sunt incunabula Bacchi,
forte Iovem memorant diffusum nectare curas
seposuisse graves vacuaque agitasse remissos
cum Iunone iocos et 'maior vestra profecto est,
quam quae contingit maribus' dixisse 'voluptas.'
illa negat. placuit quae sit sententia docti
quaerere Tiresiae: Venus huic erat utraque nota.
nam duo magnorum viridi coeuntia silva
corpora serpentum baculi violaverat ictu
deque viro factus (mirabile) femina septem
egerat autumnos; octavo rursus eosdem
vidit, et 'est vestrae si tanta potentia plagae'
dixit, 'ut auctoris sortem in contraria mutet,

Während all dies auf Erden nach schicksalsgebendem Gesetz geschah und die Wiege des zwei Mal geborenen Bacchus geschützt war, so erzählt man, dass Iupiter durch Nektar angeheitert seine ernsten Sorgen beiseitelegte und [320] mit der müßigen[102] Iuno locker scherzte und dabei sagte: „Gewiss ist eure Lust größer als die, die von Männern erreicht wird." Jene bestritt[103] dies. Man beschloss, den gelehrten Tiresias zu befragen: Diesem war die Liebe von beiden Seiten bekannt. Denn im grünen Wald hat er durch [325] einen Stockschlag die Körper zweier großer Schlangen verletzt, während diese sich paarten, und vom Mann, oh Wunder, zur Frau gemacht, verbrachte er so sieben Herbste. Im achten sah er dieselben nochmals und sagte: „Wenn so viel Macht in einem Schlag gegen[104] euch liegt, dass

---

[102] S. Bömer, F. *P. Ovidius Naso, Metamorphosen. Kommentar*, Bd. 1-3, Heidelberg 1969, S. 532; nachfolgend als "Bömer III" zietiert.

[103] *negat* eigtl. Präsens

[104] S. Bömer, S. 533.

23

femina natus est? Funktion des Geschlechtswechsels in den Metamorphosen des Ovid.

nunc quoque vos feriam.' percussis anguibus isdem 330
forma prior rediit, genetivaque venit imago.
arbiter hic igitur sumptus de lite iocosa
dicta Iovis firmat: gravius Saturnia iusto
nec pro materia fertur doluisse suique
iudicis aeterna damnavit lumina nocte; 335
at pater omnipotens (neque enim licet inrita cuiquam
facta dei fecisse deo) pro lumine adempto
scire futura dedit poenamque levavit honore.

das Geschlecht des Schlagenden[105] ins Gegenteil verkehrt wird[106], werde ich euch also töten[107]." Nachdem diese[108] beiden getötet wurden, kehrten sein ehemaliger[109] Körper sowie seine angeborene Erscheinung zurück. Dieser, als Schiedsrichter in diesem scherzhaften Streit erwählt, stimmte den Worten des Iupiter zu: Saturnia schmerzt, so wird berichtet, dies mehr [als nötig][110] und nicht wie in dieser Angelegenheit[111] angemessen und verdammte die Augen des Richters zu ewiger Nacht. Der allmächtige Vater jedoch (es ist auch keinem Gott erlaubt, göttliche Taten ungültig zu machen) gab Tiresias für das entrissene Augenlicht das Hellsehen[112] und linderte die Strafe durch diese Ehre.

5.3 Tiresias Geschichte

Die Begründung, warum ausgerechnet Tiresias in der Lage sei, den göttlichen Zwist zu klären, wird sehr knapp wiedergegeben: Er habe beide Seiten der Liebe kennen gelernt[113]. Diese wird hier nicht, wie man es auch erwarten könnte, mit *armor* o.ä. bezeichnet, sondern mit *Venus* (3.323), was die emotionale Komponente der Liebe marginalisiert und verdeutlicht, dass es zum einen in der Diskussion wirklich nur um den Liebesakt geht und zum anderen impliziert, dass Tiresias sich in seinem Dasein als Frau dieser neuen Rolle nicht gesellschaftlichen Ansprüchen gemäß verhalten hat, da er offenkundig unverheiratet Sex hatte und seine Expertise lässt vermuten, dass dies häufiger der Fall gewesen sein muss. Durch ihre Stellung am Beginn der Begründung wird *Venus* und damit Tiresias außerordentliche Kompetenz diesbezüglich betont, die möglichweise auf eine höher ausgeprägte als die von Juno hinweist, immerhin wird hier namentlich eine Göttin der anderen gegenübergestellt.

Schließlich erfolgt die Erklärung, wie Tiresias zu seinem Erfahrungsschatz gekommen ist: Bei einem Streifzug durch den Wald erblickte er zwei Schlangen[114] bei der Paarung, auf die

---

[105] *auctoris* = der Urheber (des Schlages)

[106] Eiglt. aktiv

[107] ThLL, VI,1, pp. 508-517 "ferio". *ferio* bedeutet auch „schlagen", allerdings wird so Tiresias dringendes Begehr nach Rückverwandlung verstärkt.

[108] Exakt dieselben Schlangen wie bei seiner ersten Begegnung.

[109] BÖMER plädiert hier für eine Bedeutung i.S.v. *vetus* (S. Bömer III, S.534).

[110] Erg. noch einmal *iusto*.

[111] Lt. BÖMER übersetzbar i.S.v. *pro re* (vgl. ebd.).

[112] Wörtlich: das Wissen um die Zukunft.

[113] Gerade zu hellenistischer Zeit war dies ein häufig rezipierter Stoff (vgl. Ugolini, S. 31ff.), der dem antiken Leser somit bestens bekannt gewesen sein dürfte. Die inhaltlich überraschende Antwort für seine Qualifikation ist mit der Endstellung im Vers also durchaus gegeben, allerdings vorhersehbar.

[114] Die Frage, warum er ausgerechnet zwei Schlangen begegnet, begründet UGOLINI damit, dass diese einerseits seine spätere Seher-Fähigkeit ankündigen, da Schlangen im „antiken Folkloreglauben" selbst eine die Zukunft

femina natus est? Funktion des Geschlechtswechsels in den Metamorphosen des Ovid.

er unvermittelt einschlägt, woraufhin er zur Strafe zu einer Frau wurde. Die Verwandlung wird sprachlich nicht als Strafe wiedergegeben, sondern durch *mirabile* (3.326) lediglich als wundersam charakterisiert; der weitere Verlauf zeigt jedoch, dass die Metamorphose wenigstens von Tiresias selbst als Strafe empfunden wird. Sein Verhalten erscheint typisch männlich: Er streift bewaffnet durch den Wald und scheut sich nicht vor der Anwendung von Gewalt.[115] Für die Verletzung dieser beiden gewaltigen Schlangen benötigt Tiresias lediglich einen Schlag, was Körperkraft und Erfahrung gleichermaßen impliziert und ihn als einen Inbegriff an Männlichkeit erscheinen lässt. Die syntaktisch klare Gegenüberstellung von *viro* und *femina* (3.326) macht deutlich, dass der offenkundig sehr mannhafte Tiresias körperlich nun in sein komplettes Gegenteil verwandelt wurde.

Nachdem er sieben Jahre[116] sein Leben in einem Frauenkörper zugebracht hat, streift Tiresias weiterhin in gewohnt (männlicher) Manier durch den Wald und die Situation wiederholt sich: Er[117] begegnet exakt denselben Schlangen erneut bei der Paarung und schlägt zu. Seine Motivation ist dieses Mal jedoch eine andere, weil subjektiv nachvollziehbare: Tiresias vermutet, dass ein erneuter Hieb genau das Gegenteil seiner gegenwertigen Situation hervorruft. Er nutzt also die erste sich ihm bietende Gelegenheit, um bewusst rückgängig zu machen, was ihm einst unfreiwillig wiederfahren ist. Dabei nimmt er ebenso bewusst das Risiko in Kauf, dass die Strafe verschärft werden könnte (sofern dies für ihn möglich ist); auch wenn er sich offensichtlich nicht seiner neuen weiblichen Rolle gemäß verhalten hat, scheint das Maß seiner Buße erreicht und er wird erlöst.

Wie schwer ihn diese Strafe getroffen hat, bringt er mit *sortem* (3.329) zum Ausdruck, was in diesem Kontext zwar auf sein Geschlecht gemünzt ist[118], jedoch eigentlich eher i.S.v. Schicksal Verwendung findet und durch diese erste Assoziation als Klage konnotiert ist. *contraria* (ebd.) bekräftigt ein weiteres Mal, dass es hier nicht um einen feinen Unterschied geht, sondern er im genauen körperlichen Gegenteil gefangen ist. Dass es lediglich sein Äußeres ist, was zurückverwandelt werden muss, wird im letzten Vers seines Schicksals deutlich, in dem durch die doppelte und vor allem einrahmende Betonung seiner Gestalt (*forma*

---

vorausdeutende Gabe zugeschrieben wurde (vgl. Ugolini, S. 56f.). Begegnete man zwei von ihnen auch noch bei der Paarung, musste dies als schlechtes Vorzeichen gedeutet werden (vgl. Bömer III, S. 553), was Tiresias völlig unmotiviert wirkendes Einprügeln, aber auch die sofortige Strafe erklären würde.

[115] Vgl. Liveley, G. *Tiresias/Teresa: A "Man-Made-Woman"* in *Ovid's Metamorphoses 3.318-38.* in: Helios 30(2)/2003, S. 159.

[116] Ovid ist der einzige Autor in der Rezeptionsgeschichte des Mythos, der einen exakten Zeitraum angibt. Warum es ausgerechnet sieben Jahre sind, kann nicht abschließend geklärt werden; UGOLINI vermutet, dass einige Versionen der Geschichte, in der Tiresias neben seiner Fähigkeit des Hellsehens von Jupiter zusätzlich ein längeres Leben von sieben Generationen erhält und Ovid damit spielt (vgl. Ugolini, S. 52f.).

[117] LIVELEY macht auf die Beobachtung aufmerksam, dass Übersetzungen beinahe ausnahmslos auch sein Handeln in Frauengestalt mit einem männlichen Pronomen versehen (vgl. Liveley, S. 158f.). Im Lateinischen ist diese Beobachtung hier sicherlich nicht zu machen, gibt aber einen interessanten Aufschluss über die Wirkung von Text und Handlung.

[118] Vgl. Bömer III, S. 534.

25

[...] *imago* 3.331) ausgeschlossen wird, dass sein inneres Wesen von der Verwandlung je auch nur im Geringsten betroffen gewesen sei.

5.4 Tiresias Ansicht

Erwartung sowie Haltung von Jupiter und Juno zu Beginn ihrer Diskussion sind nicht genau zu bestimmen: Er ist von Nektar angeheitert (3.318) und eröffnet den Streit offenbar in scherzhafter Absicht (*remissos* [...] *iocos* 3.320), muss jedoch eigentlich noch den durch ihn und seine Gattin verursachten Tod von Semele verarbeiten (*curas* [...] *graves* 3.318f.)[119]. Daher kann es sich hierbei auch um eine gezielte Provokation handeln[120], auf die Juno, ebenfalls noch unter dem Eindruck des letzten Betruges ihres Mannes stehend, prompt reagiert, indem sie Jupiter widerspricht[121].

Auch unter den Göttern herrschen klare Machtverhältnisse: Jupiter agiert, inszeniert und spricht, während Juno reagiert und diese ihre Reaktion nur indirekt und knapp, ohne jegliche Argumente wiedergegeben wird (*illa negat* 3.322). Schließlich wird Tiresias herbeigerufen, der als Sterblicher nun in einer schwierigen Situation ist, die eine Hybris unausweichlich macht, da er zwischen zwei Göttern entscheiden soll. Zunächst wird er als *docti* (3.322) eingeführt und Juno, die den Beginn des Verses bildet, direkt gegenübersteht. Dass Tiresias auf diesem Gebiet kompetenter dargestellt wird als Juno, zeichnet sich bereits in den gewählten Beschreibungen für beide ab[122], denn während mit *docti* seinen Erfahrungsschatz bekräftigt und juristisch konnotiert ist[123], verstärkt *sententia* (3.322) die (ebenfalls juristische) Schwere seines Schiedsspruches[124].

Im Anschluss an die Begründung seiner Qualifikation als Richtender folgt unmittelbar die Zustimmung für Jupiters Behauptung. Eine Begründung erfolgt nicht, da er als *arbiter* (3.323) in der (literarischen) Gegenwart seine Aufgabe wieder aufnimmt und im juristischen Kontext befördert wird[125]. Seine Kompetenz wird dementsprechend nicht nur durch den Rückblick seiner Geschichte gezeigt, sondern manifestiert sich in seiner Rolle als Richter, die eine klare Aufwertung erfahren hat und dem weiterhin als scherzhaft charakterisierten Streit (*lite iocosa* 3.332) gegenübersteht. Während die Auseinandersetzung für Jupiter womöglich weiterhin eine possenhafte Diskussion ist, nimmt Juno diese bitterernst, wie Tiresias zu spüren

---

[119] Der Ausdruck dürfte sich vor allem auf das zurückliegende Ereignis beziehen (vgl. Liveley, S. 151)

[120] Vgl. ebd.

[121] Ohnehin sei Junos einziges Vergnügen nur die Rache, darauf könne Jupiter durchaus anspielen (vgl. ebd.).

[122] Ovid hätte *dea* wählen können, metrisch wäre kein Unterschied vorhanden.

[123] Vgl. Coleman, K. *Tiresias the Judge: Ovid, Metamorphoses 3.322–38.* in: The Classical Quarterly 40/1990, S. 573.

[124] Vgl. Balsley, K. *Between Two Lives. Tiresias and the Law in Ovid's Metamorphoses.* in: Dictynna 7/2010, S. 15.

[125] Vgl. Balsley, S. 20f.

femina natus est? Funktion des Geschlechtswechsels in den Metamorphosen des Ovid.

bekommt: Mächtig sauer[126] ist sie erneut in der Rolle der Reagierenden und blendet ihn. Während Jupiter und Juno erneut syntaktisch wie inhaltlich als klare Antagonisten gezeigt werden, gehört das entschwundene Augenlicht mittlerweile dem Richter (*iudicis* 3.335) Tiresias. Seine Rolle in dieser Auseinandersetzung gleicht also einer Klimax und erfährt eine beständige Aufwertung, die schließlich aber wieder in ihre korrekten Verhältnisse verkehrt wird, indem die göttliche Juno über den sterblichen Tiresias richtet. Diese Entscheidung wird von Jupiter sogleich abgeschwächt, der ihm immerhin die Fähigkeit gibt, die Zukunft zu sehen.

5.5 Epilog

Tiresias wird in eine Frau verwandelt, behält sein männliches Wesen sowie seine Gewohnheiten jedoch bei; die erstbeste Gelegenheit, die weibliche Hülle abzulegen, nutzt er ohne zu zögern und gleicht Äußeres und Inneres wieder einander an. In seinem ungebrochenen Selbstverständnis als Mann ist er weder befähigt noch versucht, Sachverhalte auch aus der Sicht einer Frau zu betrachten und ist somit nur scheinbar für die Rolle des Mittlers zwischen Juno und Jupiter geeignet. Dennoch wird seine Expertise von Beginn an über die von Juno gestellt, was zu einem Rollentausch im Sinne des Tiresias führt: Der Sterbliche wird beständig aufgewertet, während die Göttin erst als solche explizit markiert wird, als sie (schon wieder) voller Jähzorn Rache übt. Juno ist durchweg passiv und agiert erst selbst, als sie erkennt, dass der Schiedsrichter den ihm unterstellten Erkenntnisgewinn nie erleben konnte und stattdessen weiterhin nur aus seiner männlichen Sicht zu argumentieren befähigt ist. Juno bestraft ihn für seine scheinbar blinde Ignoranz mit der buchstäblichen Blindheit.

Jupiter, der sich anderen u.a. als Adler und Goldregen gezeigt hat, hätte die Fähigkeit gehabt, seine These am eigenen Leib zu prüfen, wäre aber vermutlich zu derselben Erfahrung gekommen wie Tiresias, da er nur seine Gestalt, nicht aber sein Wesen hätte wandeln können.

Die Frage, ob Männer oder Frauen das größere Vergnügen beim Beischlaf erleben, ist eigentlich eine sekundäre und schlichter Auslöser, für die Erkenntnis, dass Mann und Frau, ob göttlich oder nicht, unterschiedliche Macht-, Erkenntnis- und Autoritätsmöglichkeiten zuteilwerden; die Tiresias-Episode verdeutlicht jedoch gleichzeitig, dass diese geschlechtsspezifischen Grenzen nicht absolut definierbar sind.[127]

---

[126] *Saturnia* (3.333) wurde sie schon zuvor im Mythos um Semele genannt (3.271 sowie 293) und wird generell verwendet, wenn Juno in Raserei beschrieben wird (vgl. Balsley, S. 25f.).

[127] Vgl. Lively, S. 161.

femina natus est? Funktion des Geschlechtswechsels in den Metamorphosen des Ovid.

6 Synopsis: Historischer Hintergrund und Ovids Verarbeitung

virtus ist dem römischen Verständnis nach ein Begriff, der ausschließlich männlich konnotiert ist und gleichzeitig wichtige Eigenschaften in sich birgt, die von einem Mann erbracht werden müssen: Neben körperlichen Merkmalen machen Geisteshaltungen wie *fortitudo, iustitia, continentia, dignitas* und *sapientia*[128] einen Mann erst zu einem *vir*. Bei eindeutigen Verfehlungen dieser Tugenden wird ihm jegliche Männlichkeit abgesprochen; andererseits können die genannten Eigenschaften in Ausnahmen und dann auch nur im gerechtfertigten Maß von Frauen verkörpert werden, *virtus* wird ihnen deshalb aber nie zugestanden.[129] Dies liegt auch an der gesellschaftlichen und politischen Sichtbarkeit, die von Frauen erwartet wird: Da sie unter Aufsicht des *pater familias* fast ausschließlich innerhalb der *domus* agieren dürfen[130], sind derartigen Tugenden für römische Frauen nicht vonnöten. Einige historische Beispiele bezeugen, dass einzelne Frauen durchaus kriegerisch, juristisch oder politisch aktiv wurden und deren Verhalten von Zeitgenossen nicht ausschließlich negativ bewertet wird.[131] Allerdings wird festgehalten, dass ein derart aktives Verhalten von Frauen gesellschaftlich nur dann goutiert wird, wenn sie es maßvoll, absolut gerechtfertigt[132] und gemäß ihres Standes sowie ihrer Bildung betreiben.[133]

Einiger Ausnahmen zum Trotz wird von Frauen eine ausschließlich passive Rolle eingefordert; dies bezieht sich sowohl auf das gesellschaftliche Auftreten als auch auf ihr Sexualverhalten. Keuschheit muss ein hohes Gut für eine Frau sein[134], ein aktives Sexualleben darf lediglich ein Mann haben[135] und auch dabei muss er die aktive Rolle einnehmen; Penetration steht als eine Demonstration von Macht ausschließlich ihm zu, was einerseits bedeutet, dass er keinen devoten Part ausfüllen darf, andererseits gehört es sich für eine Frau nicht, die Penetration zu übernehmen noch diese nachzuahmen.[136] Die Unterscheidung von Aktivität und Passivität spielt bei einer konsequent männlichen und weiblichen Geschlechtsidentität eine entscheidende Rolle. Eindeutige bipolare Normen und Aufgaben sind für die römische Gesellschaft von immanenter Bedeutung, da so offenkundig die öffentliche und innerfamiliäre Ordnung erhalten wird[137], die nur unter besonderen Umständen übergangen werden darf;

---

[128] Vgl. Kunst, C. *Wenn Frauen Bärte haben* in: Hartmann, E. (Hrsg.), *Geschlechterdefinitionen und Geschlechtergrenzen in der Antike*, Stuttgart 2007, S. 248.

[129] Vgl. ebd., S. 251 ff.

[130] Vgl. ebd., S. 247.

[131] Vgl. Kunst (2007), S. 251 ff.

[132] Gerechtfertigt ist es vor allem dann, wenn die Frau „den eigenen Ruf schützte oder den ihrer Familie" (s. Kunst (2007), S. 253).

[133] Vgl. ebd., S. 251 f.

[134] Vgl. Doblhofer, S. 59.

[135] Vgl. Kunst (2007), S. 253.

[136] Vgl. ebd., S. 254 f.

[137] Vgl. Kunst (2007), S. 259.

femina natus est? Funktion des Geschlechtswechsels in den Metamorphosen des Ovid.

dabei können Frauen sich zwar durch männliche Tugenden auszeichnen, jedoch bleiben diese dabei generell dem Mann zugeschriebene Eigenschaften.

Nimmt man die ausgewählten Mythen Ovids als Grundlage, liegt die Vermutung nahe, dass es im antiken Kontext nicht erstrebenswert ist, eine Frau zu sein: Iphis' Verzweiflung darüber wird erhört und das Mädchen durch Verwandlung errettet, während Caenis sich selbst nie wieder in einer schwachen Rolle erleben möchte und Tiresias die erste sich ihm bietende Gelegenheit nutzt, seinen Körper wieder in den eines Mannes zu verwandeln. Allen Ausschnitten gemeinsam ist, dass die Verwandlung zu einem Mann wie eine Belohnung oder gar Erlösung erscheint, die Probleme auflöst oder ihnen vorbeugt.

Ein Verhalten gemäß den gesellschaftlichen Erwartungen ist dabei bei Iphis und Tiresias Hauptgrund der Metamorphose, wobei Iphis für das keusche und absolut passive Verhalten schließlich belohnt wird. Dafür waren womöglich weder der Traum der Mutter noch die verzweifelten Gebete vonnöten, da von Isis deren korrektes Verhalten bewertet wird. Tiresias' Geschichte ist eher funktional angelegt: Es erfolgen keine Schilderungen von äußerlichen oder charakterlichen Merkmalen, da diese bei ihm nicht notwendig sind. Lediglich sein durchgängig männliches Verhalten wird angedeutet, weshalb bei seiner ersten Metamorphose nur eine äußerliche Verwandlung stattgefunden hat; innerlich hat er sich offenkundig nicht verändert. Dies ist der Vorwurf, den sich Caeneus gefallen lassen muss: Als ehemalige Frau muss er sich von seinen Gegnern mehrfach Vorwürfe gefallen lassen, sich gefälligst seiner (ursprünglichen) Natur zu unterwerfen. Dass dies ausgerechnet von entmenschlichten Bestien gefordert wird, zeigt einerseits die positive Einstellung des Erzählers zur Überwindung von Geschlechtsgrenzen und stärkt zusätzlich vom Leser das Verlangen, mit diesen nicht gleichgesetzt zu werden, indem die Ablehnung als ungerecht bewertet wird. Legitimation erhalten die Protagonisten der Mythen also nicht nur durch die Götter, sondern auch durch die Erzählinstanz und schließlich den Leser selbst. Negative Konsequenzen für die Ignoranz gesellschaftlicher Normen erfährt der hier nicht thematisierte Hermaphroditus, der für sein unmännliches, weil passives und desinteressiertes Verhalten zunächst mit der aufdringlichen Nymphe bestraft und abschließend zu einem Zwitterwesen verwandelt wird[138].

Ovid macht also deutlich, welche Folgen die Nichtbeachtung gesellschaftlicher Normen und Kodizes mit sich bringt, aber auch, in welcher Form die Überschreitung dieser als angemessen gelten kann. Bedeutsam für die Bestimmung des angemessenen Geschlechts sind dabei keine phänotypischen Merkmale, sondern das soziale Auftreten innerhalb der Normen. Diese

---

[138] Lange Zeit wurden Menschen mit biologisch nicht eindeutigen Geschlechtsmerkmalen als *monstra* betrachtet, die häufig schon im Kindes- und Jugendalter getötet wurden; erst zu spätrepublikanischen Zeiten waren sie „nur" Kuriositäten. (Vgl. Kunst (2007), S. 250 f.) Hermaphroditus wird für sein nicht konformes Verhalten also eindeutig bestraft.

femina natus est? Funktion des Geschlechtswechsels in den Metamorphosen des Ovid.

richten sich für die Protagonisten nach dem inneren Bewusstsein über ihr Geschlecht und den damit einhergehenden Verhaltensvorschriften.

Darüber hinaus wird bei den Ausführungen Ovids deutlich, dass es nur weniger Andeutungen bedarf, um beim Leser ein geschlechtsspezifisches Rollenbild zu zeichnen: Körperliche Eigenschaften, öffentlichen Gebaren und privates Auftreten finden lediglich unterschwellig Erwähnung, müssen jedoch auch nicht mehr Raum einnehmen, da sie ohnehin gesellschaftlich verwurzelt sind. Die Überschreitung der Geschlechtsgrenzen durch die Metamorphosen werden weder vom Autor infrage gestellt noch kommen sie für den Leser ernsthaft überraschend. Korrektes Verhalten wird entweder belohnt oder vermeintliche Missverständnisse wieder zurechtgerückt. Die Funktion der Metamorphen ist jeweils das Angleichen des Äußeren an das zuvor gezeigte Verhalten (Tiresias und Caeneus) oder die gelebte Rolle in der Gesellschaft (Iphis).

Iphis muss sich ihre Verwandlung zu einem Mann zunächst verdienen, indem sie einerseits unter Beweis stellt, dass sie gesellschaftliche wie auch sexuelle Konventionen verinnerlicht hat und andererseits auch kurz vor einer persönlichen Katastrophe stehend nicht an der Weisheit von Göttern zweifelt, sondern eher ihr eigenes Tun infrage stellt. Ihre tugendhafte *pietas* qualifiziert sie daher für die vollständige Transformation zu einem Mann.

Caenis erfährt ihre Verwandlung direkt im Anschluss an eine Bestrafung für ihr nicht konformes Verhalten. Da diese recht drastisch erscheint, darf sie auf eine göttliche Entscheidung direkten Einfluss ausüben, jedoch muss sie dieses in sie gesetzte Vertrauen im späteren Verlauf als gerechtfertigt unter Beweis stellen. Dies tut Caeneus dank seiner außerordentlichen *virtus* und bestätigt damit die Überlegenheit göttlicher Entscheidungen rückwirkend.

Tiresias' Transformation zu einer Frau findet durch keine explizit göttliche Instanz statt, sondern erscheint eher naturbedingt. Sie ist daher revidierbar und offenkundig unvollständig, da es vollkommen legitim ist, dass er sein männliches Verhalten auch in Gestalt einer Frau fortführt. Dafür wird er nicht nur mit der späteren Rückverwandlung belohnt, sondern ist zu einer richtenden Instanz eines Götterzwistes qualifiziert. Iphis' Verlautbarung, Götterentscheidungen seien ausschließlich durchdacht und allein daher der Natur überlegen, bestätigt sich bei Tiresias. Seine Rolle innerhalb der Metamorphose ist eine eher funktionale, da der Götterzwist zwischen Jupiter und Juno im Vordergrund steht, in dessen Verlauf Hierarchien und deren Einhaltung von elementarer Bedeutung sind.

femina natus est? Funktion des Geschlechtswechsels in den Metamorphosen des Ovid.

7 Literaturverzeichnis

7.1 Textgrundlagen und Wörterbücher

P. Ovidii Nasonis Metamorphoses ed. R.J.Terrant, Oxford 2004.

Thesaurus linguae Latinae, auctoritate et consilio academiarum quinque Germanicarum Berolinensis, Gottingensis, Lipsiensis, Monacensis, Vindobonensis Bd. VI,1, Leipzig 1964, s.v. "ferio",pp. 508-517.

7.2 Sekundärquellen

Anderson, W. *Ovid's Metamorphoses. Books 1-5.* Norman 1997, S.443.

Balsley, K. *Between Two Lives. Tiresias and the Law in Ovid's Metamorphoses.* in: Dictynna 7/2010, S. 14-31.

Bömer, F. *P. Ovidius Naso, Metamorphosen. Kommentar*, Bd. 1-3, Heidelberg 1969.

Bömer, F. *P. Ovidius Naso, Metamorphosen. Kommentar*, Bd. 9/10, Heidelberg 2001[2].

Bömer, F. *P. Ovidius Naso, Metamorphosen. Kommentar*, Bd. 12/13, Heidelberg 1982.

Coleman, K. *Tiresias the Judge: Ovid, Metamorphoses 3.322–38.* in: The Classical Quarterly 40/1990, S. 571-577.

Doblhofer, G. Vergewaltigung in der Antike. in: Heitsch, E./Koenen, L./Merkelbach, R./Zintzen, C. (Hrsg.) Beiträge zur Altertumskunde, Stuttgart und Leipzig 1994, S. 1-81.

Emberger, P. *Iuvenis quondam, nunc femina. Zur Kainis-Erzählung im Augusteischen Epos.* in: *Grazer Beiträge* 28/2012, S. 44-59.

Gärtner, T. *Die Geschlechtsmetamorphose der ovidischen Caenis und ihr hellenistischer Hintergrund.* in: *Latomus* 66/2007, S. 891-899).

Gerlinger, S. *Virtus ohne Ende? Zum Rollenverhalten zwischen Mann und Frau.* in: Heil, A./Korn, M./Sauer, J. (Hrsg.) *Noctes Sinenses. Festschrift für Fritz-Heiner Mutschler zum 65. Geburtstag.*, Heidelberg 2011, S. 303-309.

Graf, F. *Iphis.* in: Cancik, H./Schneider, H./Landfester, M. (Hrsg.) *DNP.* Brill Online, 2014. Reference. 06 December 2014 <http://referenceworks.brillonline.com/entries/der-neue-pauly/iphis-e527080>

Harris, W. *Child-Exposure in the Roman Empire.* in: *JRS* 84/1994, S. 1-22.

Kamen, D. *Naturalized Desires and the Metamorphosis of Iphis.* in: *Helios* 39(1)/2012, S. 21-36.

Kunst, C. *Frauenzimmer in der römischen domus.* in: Harich-Schwarzbauer, H./Späth, T. (Hrsg.) *IPHIS - Gender Studies in den Altertumswissenschaften. Räume und Geschlechter in der Antike.*, Bd. 3, Trier 2005, S. 111-131.

Kunst, C. *Wenn Frauen Bärte haben* in: Hartmann, E. (Hrsg.), *Geschlechterdefinitionen und Geschlechtergrenzen in der Antike*, Stuttgart 2007, S. 247-259.

Lämmle, R. *Die Natur optimieren. Der Geschlechtswandel der Iphis in Ovids Metamorphosen.* in: Harich-Schwarzbauer, H./Späth, T. (Hrsg.) *IPHIS - Gender Studies in den Altertumswissenschaften. Räume und Geschlechter in der Antike.*, Bd. 3, Trier 2005, S. 193-210.

femina natus est? Funktion des Geschlechtswechsels in den Metamorphosen des Ovid.

Liveley, G. *Tiresias/Teresa: A "Man-Made-Woman" in Ovid's Metamorphoses 3.318-38.* in: *Helios* 30(2)/2003, S. 147-162.

Papaioannou, S. *Poetische Erinnerung und epische Dichtung. Nestors Rede in Ovid, Metamorphosen, Buch 12.* in: *Gymnasium* 109/2002, S. 213-234.

Pintabone, D. *Ovid's Iphis and Ianthe. When Girls Won't Be Girls.* in: Sorkin Rabinowitz, N./Auanger, L. (Hrsg.) *Among Women. From the Homosocial to the Homoerotic in the Ancient World.*, Austin 2002, S. 256-283.

Schmitt Pantel, P./Späth, T. *Geschlecht und antike Gesellschaften im 21.Jahrjundert*, in: Hartmann, E. (Hrsg.), *Geschlechterdefinitionen und Geschlechtergrenzen in der Antike*, Stuttgart 2007, S. 23-34.

Ugolini, G. *Untersuchungen zur Figur des Sehers Teiresias*, Tübingen 1995, S. 22-65.

Waldner, K. *Geburt und Hochzeit des Kriegers. Geschlechterdifferenz und Initiation in Mythos und Ritual der griechischen Polis.* Berlin 2000, S. 51-78.

Wheeler S., *Changing Names: The Miracle of Iphis in Ovid "Metamorphoses" 9.* in: *Phoenix* 51(2)/1997, S. 190-202.

BEI GRIN MACHT SICH IHR WISSEN BEZAHLT

- Wir veröffentlichen Ihre Hausarbeit, Bachelor- und Masterarbeit

- Ihr eigenes eBook und Buch - weltweit in allen wichtigen Shops

- Verdienen Sie an jedem Verkauf

Jetzt bei www.GRIN.com hochladen und kostenlos publizieren

Lightning Source UK Ltd.
Milton Keynes UK
UKHW04f1552251018
331198UK00002B/394/P